U0938269

孝經的道與理

余錦波 著

責任編輯：羅國洪
封面設計：張錦良

孝經的道與理

作者：余錦波

出　　版：匯智出版有限公司
香港九龍尖沙咀赫德道2A首邦行8樓803室
電話：2390 0605　　傳真：2142 3161
網址：http://www.ip.com.hk

發　　行：聯合新零售（香港）有限公司
香港新界荃灣德士古道220-248號荃灣工業中心16樓
電話：2150 2100　　傳真：2407 3062

印　　刷：陽光印刷製本廠

版　　次：2025年8月初版（新版）

國際書號：978-988-71272-3-9

＊ 本書曾於2013年出版，現增訂內容，重新出版。

先王有至德要道，以順天下，
民用和睦，上下無怨，汝知之乎？

——《孝經》

序

我在香港理工大學通識教育中心，多年來教授中國文化與哲學的課程。由於教學需要，我每每要為課程選取閱讀材料。我認為閱讀始終是文科教育不可缺少的一個環節，但為通識科目選取合適的閱讀材料，卻頗費周章。一來文章本身要有相當的代表性或價值，二來篇幅不可太長，又要深淺適中，更要配合學生興趣，能引起他們的共鳴。

我曾經選擇不同的閱讀材料，當中以《孝經》的效果最好。令我意想不到的是，學生對《孝經》的內容有很大的共鳴，認為其內容相當合理和有說服力。一方面，他們認為能學到新知識，對中國人的孝道有一個全面而透徹的了解。有學生不禁問：為何《孝經》所說的孝與一般人的印象竟然有這樣大的差別？另一方面，他們認為此書能刺激思考及引起反省，甚至能起到變化氣質的作用。例如：起了行孝之心，以及行孝時能心悅誠服。

學者，覺也。[1] 教育的真諦並不是把甚麼思想或知識灌

1 《說文解字》：「學，覺悟也。」（段玉裁，《說文解字注》，南京：鳳凰出版社，2007，第 226 頁。）《白虎通》：「學之為言覺也。」（陳立，《白虎通疏證》，北京：中華書局，1994，第 254 頁。）

輸給學生，而是要學生自己思想，自己覺悟，從而自己掌握道理。我在本書的不同部分，提出不同的思考問題，鼓勵學生多質疑、多反問、多思考。正所謂：「小疑則小悟，大疑則大悟，不疑則不悟。」[2] 真要明白《孝經》的道理，要先會提出疑問。疑問帶動思考，經過思考才會對箇中道理真正明白。諸多提問，以引導對經文的深入思考，是本書的重大特色之一。

談到閱讀，中國人說的是「讀書」，而不僅是「看書」。中國的經典，是要來「讀」的。誦讀原文，與翻看語譯，無論在知、情、意哪一方面，都是不可同日而語的。為了方便同學誦讀原文，我加入了粵語註音。[3] 希望讀者能先詳細看全書一次，包括導論與註釋，再反覆誦讀經文多遍。如此必能聲入心通，體味到箇中的道理，並保留深刻的印象，以後有機會隨時印證及引用，在生活中對照及咀嚼經文所說的道理。

《孝經》一書，在中國文化中地位崇高，原文卻只有一千八百多字。讀過這本書，可以說是明白了中國人的做人道理，也可說是成為一個讀過中國經書的讀書人了，實在是最合乎成本效益的閱讀。謹此向各界人士誠意推薦本書。

---

2 黃宗羲，〈答董吳仲論學書〉，引「昔人之言」。《黃宗羲全集》，杭州：浙江古籍出版社，2005，第十冊，第 147 頁。

3 參考中文大學「粵語審音配詞字庫」：http://humanum.arts.cuhk.edu.hk/Lexis/lexi-can/。

目錄

《孝經》答問

附錄

《孝經》導論

《孝經》導論

《孝經》是儒家的基本經典之一，一般認為是孔子所授，曾子所記，是先聖先賢相傳的聖賢書。《孝經》在舊日為人所必讀之書，讀「五經」之前先讀「四書」，讀「四書」之前先讀《孝經》。在東漢，縱使不算是讀書人的皇家衛士，最少也要讀過《孝經》，這是因為《孝經》被認為講述了最基本的做人道理。

我們現在仍然常常會提到的一些語句，例如：「天經地義」、「至德要道」、「身體髮膚，受之父母，不敢毀傷」、「天地之性，人為貴」、「父子之道，天性也」、「移風易俗」、「天下和平」、「以孝治天下」，都是出自《孝經》一書的。

《孝經》不僅是一部宣揚孝道的書籍，它還重新解釋了「孝」，豐富了「孝」的內容，並且令「孝」不會與普世價值，例如仁民愛物、盡忠職守，有所牴觸或矛盾，實為有原創性的哲學鉅著。[4]

4　世俗所傳的《二十四孝》，每多乖張極端、扭曲人性的行為；《孝經》所提出的，則盡是道理平正、切實可行的主張。

《孝經》的作者

首先，我們可以肯定《孝經》是先秦之書無疑。理由包括以下幾點：

（一）《呂氏春秋》已經提到《孝經》，這是現存可考的最早直接提到《孝經》的文獻。[5]《呂氏春秋》公認是秦相呂不韋及其門客的著作，《孝經》的文句在該書中被引用，可見《孝經》在其時已有流傳。

（二）漢朝蔡邕《明堂論》曾引魏文侯所撰之《孝經傳》。史載魏文侯是孔子弟子子夏的弟子，魏文侯於公元前 445 至 396 年在位，可見在其時《孝經》已流傳。

（三）《漢書．藝文志》載有《孟子》十一篇，其中「外書四篇」之中有〈説孝經〉一篇，[6]趙岐删去四篇，只注《孟子》七篇。[7]這亦可説明在孟子之時，《孝經》已有流傳。

（四）《孝經》在漢初已重新出現。《隋書．經籍志》云：「秦焚書，《孝經》為河間人顏芝所藏。漢初，芝子貞出之。」此書即司馬貞所稱河間王所得顏芝本，亦即今本

---

5 《呂氏春秋．察微篇》引《孝經．諸侯章》。

6 《漢書．藝文志．諸子略》，參看李零，《蘭臺萬卷——讀〈漢書．藝文志〉》，北京：三聯書店，2011，第 56、76 頁。

7 趙岐〈孟子題辭〉説，外書四篇是〈性善〉、〈辯文〉、〈説孝經〉、〈為正〔政〕〉，見《孟子注疏》，北京：北京大學出版社，2000，第 11 頁。

今文《孝經》。漢初陸賈所著之《新語》已引用《孝經》，且直指是孔子之言。[8]

《孝經》相傳是孔子傳授給曾子的，乃孔子所講，曾子所記。《漢書・藝文志》說：「《孝經》者，孔子為曾子陳孝道也。」此書內容為孔子與曾子二人對話，如果此書並非偽作，則此書內容的來源只能是出於曾子。有人認為《孝經》內稱曾子為「曾子」，而懷疑並非曾子所著，實則古書每每經過後人修訂，曾子的弟子在傳鈔《孝經》的時候，將曾子自稱鈔寫為「曾子」，絕對不足為奇。除非真的有堅實的證據，否則不可輕易推翻傳統的成說。故書中對曾子不稱名而稱「曾子」，並不能證明《孝經》非曾子所寫，只能說明《孝經》經過後人整理。

為甚麼孔子要特別向曾子講解孝道呢？大抵是針對曾子想盡孝，但對孝的理解片面，而特意向他提出應如何正確理解孝道。曾子曾經因小過觸怒父親，被父親用大棒打，他沒有逃跑，結果被孔子大罵，認為他不自愛。他對父親的過分行為採取合作態度，適足以陷父親於不

8 《新語・無為第四》：「孔子曰：『移風易俗』，豈家令人視之哉？亦取之於身而已矣。」（王利器，《新語校注》，北京：中華書局，1986，第67頁。）語出《孝經》〈廣要道章第十二〉（「移風易俗，莫善於樂」）、〈廣至德章第十三〉（「君子之教以孝也，非家至而日見之也」）、〈三才章第七〉（「先之以博愛，而民莫違其親」）。

義。[9] 曾子又曾誤以為孝即是順從父母，在《孝經》中亦問孔子「孝」是否即是順從父母，結果亦被孔子教訓一頓。《孝經》第十五章〈諫爭章〉就是曾子向孔子提問：「子從父之令，可謂孝乎？」孔子聽後連番說：「是何言與！是何言與！」語氣相當嚴厲。

《孝經》的內容，與《大戴禮記》所收的《曾子十篇》的內容相當吻合，這亦是《孝經》出於曾子手筆的一個旁證。

《孝經》的核心主張

《孝經》論孝，分為三個層次：第一個層次是事親；第二個層次是處世，第三個層次是立身。《大戴禮記》所收《曾子十篇》，所論相同。《大戴禮記．曾子大孝》云：「孝有三：大孝尊親，其次不辱，其下能養。」最低級的孝是養父母（「烹熟鮮香，嘗而進之，非孝也，養也。」）；中級的孝是堂堂正正做人，不行差踏錯，不會做出令父母蒙羞的事

---

9 曾子種瓜時誤傷瓜根，被父親打了一頓，昏了過去，他醒來的時候，竟然問：「父親大人身體還好吧？」（沒有被孩兒氣壞吧？打孩兒時沒有弄傷自己吧？）魯國人認為曾子是大孝子，向孔子大大表揚曾子，怎知孔子說：「參來勿納也。」（曾參來見我的時候，不要容許他入來。）曾子不知道自己犯了錯，還要追問孔子，孔子說：「小杖則受，大杖則逃。」如果你父親把你打至殘廢，不但是你自己不自愛，誤了自己一生，也陷父親於不義。孔子批評曾子是「委身以待暴怒」，誤己誤人。聖人確是聖人，如此通達事理。此故事見於多部儒家經典，包括《韓詩外傳》卷八、《說苑》卷二。

(「居處不莊，非孝也；事君不忠，非孝也；莅官不敬，非孝也；朋友不信，非孝也；戰陳（陣）無勇，非孝也。」)；高級的孝是做出光大門楣的高尚行為，即建立高尚的品德而令父母分享光榮。(「君子之所謂孝者，國人皆稱願焉，曰『幸哉！有子如此！』所謂孝也。」)

孝的最基本的要求就是不要讓父母為自己擔心。《孝經．開宗明義章》說：「身體髮膚，受之父母，不敢毀傷，孝之始也。」這句話很多人都聽過，並且人云亦云地說，這句話表示人的身體是屬於父母的，所以任何損害自己身體的行為都是不孝的，甚至因而說穿耳環、紋身，以至死後捐贈器官，都是有違孝道的。其實《孝經》這裏所說的「毀傷」，是下文所說因觸犯「五刑」所造成的毀傷，即指墨（刺字）、劓（割鼻）、刖（斬足）、宮（閹割）、大辟（處死）。[10] 所以這句話的基本精神是指不要行差踏錯，不要做出令父母擔心或蒙羞的事。[11] 因此，如果在現時的社會裏穿耳環或死後捐贈器官並不會令父母為子女擔心或蒙羞，就不算是違背了「身體髮膚，受之父母，不敢毀傷」的原則。

中級的孝就是規規矩矩地做事、堂堂正正地做人。如

10 見〈五刑章第十一〉。

11 孔子說：「父母唯其疾之憂。」(《論語．為政》) 語意與《孝經》此處所說的道理相通。孝道的最起碼要求是不令父母為自己蒙羞或擔憂。疾病不在自己的控制範圍之內，所以子女要做到父母除了自己患病之外，不會為自己擔憂。

果行為不檢點，雖勤於事親，仍算是不孝。《孝經．紀孝行章》說：「居上不驕，為下不亂，在醜不爭。居上而驕則亡，為下而亂則刑，在醜而爭則兵。三者不除，雖日用三牲之養，猶為不孝。」《孝經》有五孝之說（天子之孝、諸侯之孝、卿大夫之孝、士之孝、庶人之孝），說的是各人所在之位雖然不同，實現孝之具體內容亦有不同，但皆以各人盡其所當為、盡其本分為孝。

最高級的孝是立身行道，做一個品格高尚、對社會有建樹的人。很多人都會引用《孝經．開宗明義章》所說的：「立身行道，揚名於後世，以顯父母，孝之終也。」但忽略了此語的重點是「立身行道」。一定要是「立身行道」的揚名，而不是其他方面的揚名，才可以光大父母之德。如果僅是個人成就的揚名，例如成為得大獎的名歌星，並不一定能光大父母之德。但如果是「立身行道」，就反映出父母家教有方，如此才可以藉發揚自己之德來發揚父母之德。《禮記．哀公問》說：「君子也者，人之成名也。百姓歸之名，謂之君子之子，是使其親為君子也。」《大戴禮記．曾子大孝》亦說：「君子之所謂孝者，國人皆稱願焉，曰『幸哉！有子如此！』所謂孝也。」由此說來，做一個品格高尚的人，令世人得知父母教導有方，方為大孝。

簡單地說，儒家論孝的精義在於「愛人以德」。盡孝道的重點並非為父母謀他們的個人利益，而在於令自己成為有德之人，以光大父母之德。《禮記．檀弓上》記載了一個故事。曾子臨終時，他的兒子和弟子侍奉在側，有一個少年侍者發現曾子所臥的竹蓆是大夫專用的，他的弟子樂正子春馬上叫那少年住嘴，曾子下令要易簀，他的兒子曾元反對，曾子說：「爾之愛我也不如彼。君子之愛人也以德，細人之愛人也以姑息。」曾元愛父親，只是希望延長父親的生命，但少年人卻關注到所為是否合乎禮。「愛人以德」就是以合乎德行的方式去愛人，並且也幫助對方成為一個有德行的人。與「愛人以姑息」不同，「愛人以德」並不會導致因為愛一個人而去損害其他人。

《孝經》的重要性

《孝經》為甚麼在今天仍然是重要的經典？在今天，孝仍是中國人的一個重要價值。但孝的道理又是甚麼呢？《孝經》提出了一個精闢的答案。

為甚麼要對父母盡孝呢？有不少人會說：因為父母對我有恩惠，所以要報答。對於這個答案我們可以追問：（一）如果父母的恩少，是否就可以不孝？（二）如果其他人的恩更大，是否要對其他人盡孝？

《孝經》的答案是這樣的：孝者，「天性也」，未有不愛其親而愛他人之親者。孝的基礎不是對利益的回報，而是人性中有此親情。《孝經》提出以人性為孝道的基礎，只要人性不變，孝的道理還是一樣有效的。

《孝經》重新解釋孝，認為孝的最高境界就是立身行道。在這個解釋下，盡孝並不妨礙實現其他重要的人文價值，兼且有助於它們的實現。《孝經》提出了一套有高度整合性及能平衡不同考慮的倫理學。《孝經》又肯定人性作為人的道德及行為基礎，這不單為孝提供一個堅實的基礎，更申明了儒家哲學的基本路向。從《孝經》可以看到的不單是一套個人修身立德的倫理學，亦可同時看到一套治國理民的政治哲學。《孝經》發揮了儒家的政治主張，就是「順治」——順人性而治，故能「不肅而成，不嚴而治」，不貴難得之行，其主張平實易行。[12]

《孝經》不但把孝的道理說得更加圓滿，更把儒家的一套做人處世，以至治國平天下的道理說得明白合理。

另一方面，《孝經》亦是對世俗誤解孝道的一服解毒劑。

誤解一：孝即順從父母。《孝經》的答案是：「當不義不可以不爭」；當父母不義而不爭，就是陷父母於不義。明確提出：「從父之令，又焉得為孝？」

誤解二：為了父母不惜傷害自己。《孝經》的答案是：「無以死傷生」，「毀不滅性」。任何悲傷都要有終止的時候，不可以因為去世的人而傷害仍然在生的人。

---

12 關於儒家肯定人性、人情，並以之作為倫理學基礎的詳情，可參看 Yu Kam Por and Julia Tao, "Confucianism", in Ruth Chadwick (ed.), *Encyclopedia of Applied Ethics* (Second Edition, 4 vol. set), San Diego: Academic Press, 2012,Vol. 1, pp. 578-586.

誤解三：為了父母不惜傷害他人。《孝經》的答案是：「愛親者不敢惡於人，敬親者不敢慢於人。」孝並不是心目中只有父母，或凡事以父母的利益為先，而是要做一個好人，不辜負父母的教導。所以善待其他人不但不與盡孝矛盾，更是孝子對待其他人的應有態度。

《孝經》一書的結構

《孝經》全書分為十八章，每章均有名堂，與該章的內容相當吻合。

第一章〈開宗明義章〉，揭示全書大旨，指出孝是「至德」，是「要道」，是「德之本」，是「教之所由生」。又表明孝有三階段：「始於事親，中於事君，終於立身」。

〈天子章第二〉至〈庶人章第六〉，前後五章，分論天子、諸侯、卿大夫、士、庶人等等不同崗位的人所實踐的孝，指出對不同崗位的人，孝有不同的具體內容。地位越高，要求亦越高。當中清楚指出實踐孝道的對象不單是父母——這也就是說，孝有高度的社會性。

〈三才章第七〉，申明孝為常道，植根於人性。〈孝治章第八〉，解釋孝具有社會意義，推之可以治天下。〈聖治章第九〉，論述孝何以是至高無上之德。

〈紀孝行章第十〉，講解事親之基本要點。〈五刑章第十一〉，指出孝除事親外，最起碼要「不辱」，即不做令父母蒙羞的事。

〈廣要道章第十二〉，進一步解釋為甚麼說孝是「要道」。孝之所以是治道的要訣，因為孝有社會性，可以推廣開來。〈廣至德章第十三〉，進一步解釋為甚麼說孝是「至德」。因為以孝治天下是順應民心；能「順民」，所以是至德。〈廣揚名章第十四〉，進一步解釋孝與「揚名聲顯父母」的關係。

〈諫爭章第十五〉，解釋孝並不是凡事順從父母，諍諫是孝的應有之義。〈感應章第十六〉，論孝具有強大的感應力量。

〈事君章第十七〉，申論本着盡孝的宗旨以事君，亦不是凡事順從君主，而是要改正君主的錯誤。此章所論屬於「中於事君」階段。

〈喪親章第十八〉，指出孝不單只包括生養死葬，甚至在父母死後仍可繼續實行孝道。此章所論屬於「始於事親」的範圍。

全書十八章可歸為四類：第一章是總論，第二至六章論不同崗位的孝，第七至九章論孝治，第十至十八章論孝行。全書結構嚴謹，對孝的內容作了全面而深入的討論。

《孝經》釋義

開宗明義章第一

章旨

本章揭示全書大旨，指出孝是「至德」，是「要道」，是「德之本」，是「教之所由生」。又表明孝有三個層次：「始於事親，中於事君，終於立身」。

仲尼居[(1)]，曾子侍[(2)]。子曰：「先王有至德要道[(3)]，以順天下[(4)]，民用和睦[(5)]，上下無怨[(6)]，汝知之乎[(7)]？」曾子避席[(8)]，曰：「參不敏[(9)]，何足以知之？」子曰：「夫孝，德之本也，教之所由生也[(10)]。復坐[(11)]，吾語汝[(12)]。身體髮膚，受之父母，不敢毀傷，孝之始也[(13)]。立身行道，揚名於後世，以顯父母，孝之終也[(14)]。夫孝，始於事親，中於事君，終於立身。[(15)]《大雅》云：『無念爾祖，聿脩厥德。』」[(16)]

註釋

（1） 仲尼，即孔子，「仲尼」是孔子的「字」。孔子（公元前551-479），名丘，字仲尼。居，即閒居，指在家中沒有特別的事情要做。

（2） 侍，即陪伴在側。

（3） 至德，即最高之德。要道，即扼要之道，可用以執簡馭繁。意謂孝既是至高之德，又是執簡馭繁的方法。

（4） 「順」是動詞。謂可以用孝以理順天下。以孝治天下乃順人性、人心、人情以治理天下，是為「順治」。《孝經》中第一章、第七章、第九章，都有提到「順治」的觀念。

（5） 「用」，即「以」的意思。順人性而治，令人民可以和睦相處。治理國家者順人性而治是因，人民和睦相處是果。不可以離開因去求果，片面要求人民有和諧。睦，音目（muk^6）。

（6） 上下無怨，指上不怨下，下不怨上，即上下不相怨。

（7） 汝，即「你」的意思。汝，音雨（jyu^5）。

（8） 古人坐在地上，上面放有坐席。避席，即離開坐席。老師有問，曾子依禮避席起立回答。

（9） 參，曾子之名。曾子（公元前505-436），名參，字子輿。不敏，即不聰敏。此句是曾子自述，自謂自己並不聰敏。參，音心（sam^1）。

（10）此句指出德與孝之關係，直言德是以孝為起點，擴充而完成的，故孝為德之本。所謂教化，即是以此為根基作進一步的培養。儒家的教化是以孝為本，孝是以人性為本。

（11）復，再次也。復，音埠（fau[6]）。曾子起立作答，孔子叫他再次坐下來繼續談。

（12）「語」，動詞，音預(jyu[6])。「吾語汝」，即「我對你說」。

（13）不敢讓身體受毀傷，即不要讓父母為自己擔心。《孝經》所說的孝有三個級別，第一個級別是「事親」，第十章對「事親」的內容有詳細討論。「居則致其敬，養則致其樂，病則致其憂，喪則致其哀，祭則致其嚴」，五者都做到了，仍然只算是孝的第一級別。第一級別之內還是有層次的，令父母不會為自己擔心，是第一級別的第一層次，是開始的開始，即孔子所說的「孝之始也」，是每一個人都可以很容易就做到的。

（14）身，己也。修身，即修己。立身，即立己，指立己之德。行道，即行正道，做應做的事。通過立身行道，彰顯父母教導有方，故能顯父母。這是最高級別的孝，即大孝。

（15）《孝經》所說的孝有三個層次：最低層次是事親，中級層次是為公家辦事時不辱父母的教導，最高層次則是成就自己的品格，立身行道。

（16）大雅，即《詩經．大雅》。「無」是發語詞。全句謂：

當念你的先人，好好地修養你的品德。意謂自己品德不好會令先人蒙羞，即是不孝；品德高尚則可以彰顯先人教導有方，即是實行了孝。聿，音律（leot⁶）。脩，音修（sau¹）。厥，音缺（kyut³）。

語譯

孔子閒居，曾子侍坐。孔子說：「先王有最高尚的德行與最關鍵的道理，以順天下人心，令人民和睦相處，上下各人無尤無怨。你知道是甚麼嗎？」曾子離開坐席起立作答：「我不夠聰明，怎會知道呢？」孔子說：「孝是德行的根本，是教化的起點。你坐下來，讓我告訴你吧。不做招惹刑罰的壞事，以保存受之於父母的身體髮膚，是孝的最基本要求。堂堂正正做人，正正當當行事，將父母善於教育自己的美名傳揚於世，以彰顯父母，是孝之終極表現。孝，以事親為起點，以為公家辦事為進階，以完成自我人格為終點。《大雅》說：『要記着你的先人，好好地培養你自己的品德。』」

解說

這章開宗明義，說明孝與德的關係，以及孝的社會作用，清楚指出孝的三個層次，而事親只是孝的第一層次。

先王以孝治天下，其基本要訣就是「順治」，即順着人性人情來治理天下。必須把握此基本要點才能讀通《孝經》，這個基本論點與近世將儒家解釋為權威主義之説可謂南轅北轍，不可不留意。

此章亦清楚指出「孝」有三個級別：初級階段是不做錯事、不做壞事，即不做令父母擔憂或蒙羞的事；中級階段是在社會做事時做得妥妥當當；高級階段則是立身行道，即是有良好的品格，以及正當的行為。這三個階段的精神都是以做一個好人作為做一個好子女的內容；最少要不做壞人，不做壞事，不令父母蒙羞；最好能做偉大的人，做偉大的事，光宗耀祖。

特別值得注意的是，此章有兩個地方經常被人曲解。第一個地方是「身體髮膚，受之父母，不敢毀傷」，不少人僅從字面理解此語，將之解釋為子女的身體屬於父母，不可有任何損毀，否則就是不孝，於是染髮、穿耳、紋身，以至死後捐贈器官，都被視為不孝。其實此語指的是要規規矩矩做人，切勿招致刑罰，以令父母擔心或蒙羞。所謂「毀傷」，指的是觸犯了第十一章所説的「五刑」而招致的毀傷，即指墨（刺字）、劓（割鼻）、刖（斬足）、宮（閹割）、大辟（處死）。但並不包括剪頭髮、割盲腸那一類毀傷。那一類毀傷不會令父母擔憂或蒙羞，與孝或不孝並不相干。此外，還須留意，「不敢毀傷」只是「孝之始也」，不是絕對原則，為了行義而有毀傷，是立身行道的大孝，並不是不孝。

另一個常見的誤解是斷章取義地以「揚名於後世，以顯父母」作為孝的終極目標。《孝經》的原文是「立身行道，揚名於後世，以顯父母，孝之終也」。「揚名於後世」必定要以「立身行道」為大前提，才能與孝道扯上關係。如果只是個人揚名立萬，只是顯自己，並不能顯父母，如何算是盡孝道？唯有是「立身行道」的「揚名於後世」，才能歸功於父母的家教有方。自己成了君子，也就是君子之子，這就等於肯定了父母也是君子了。簡單地說，《孝經》所說的孝子，就是父母的好子女，也就是社會上的好人。

思考題

1. 為甚麼說孝是「至德」?
2. 為甚麼說孝是「要道」?
3. 為甚麼孝可以導致「民用和睦，上下無怨」?
4. 甚麼是「孝之始」? 甚麼是「孝之終」?
5. 為甚麼孝可以用來「順天下」?
6. 「身體髮膚，受之父母，不敢毀傷」，道理何在？
7. 為甚麼孝是「始於事親，中於事君，終於立身」，而不是「始於立身，中於事親，終於事君」?
8. 如果一個人沒有盡「事親」的責任，卻能「揚名聲，顯父母」，是否也可算是孝？
9. 小孩子也可以盡孝嗎？小孩子也可以事親嗎？小孩子有

甚麼途徑來盡孝或事親？

10. 孝始於事親，事親也有不同的階段嗎？事親的最初級階段又是甚麼？
11. 「立身」與「顯父母」有何關係？何者更為重要？

天子章第二

章旨

本章論天子之孝。天子地位崇高，行孝的要求亦特別高，包括：敬待所有人；以德教加於百姓；行為要可以作為他人的模範。

子曰：「愛親者，不敢惡於人[(1)]；敬親者，不敢慢於人[(2)]。愛敬盡於事親，而德教加於百姓，刑于四海[(3)]，蓋天子之孝也[(4)]。《甫刑》云[(5)]：『一人有慶，兆民賴之[(6)]。』」

註釋

(1) 惡，讀如「厭惡」的惡（wu^3）。惡人，即厭惡他人。惡於人，即被他人厭惡。全句謂，愛自己之親者，不敢招惹其他人之厭惡。因為這樣會為父母帶來羞辱，並非愛父母之道。

（2）慢人，即待慢其他人。慢於人，即受到他人的待慢。謂欲敬自己之親者，亦不可不顧全他人的感受，否則會招惹他人冒犯自己的父母。

（3）「刑」，即「型」，也就是典範的意思。意指自己的行為要作四海的典範。

（4）此章說的是天子之孝。天子要將自己對父母的愛敬，推廣開來對待其他人，不敢待慢他人或招惹其他人厭惡，才算是盡了孝道。

（5）《尚書．甫刑》篇。甫，音府（fu^2）。

（6）慶，善行。兆，十億。全句意謂天子一人的行為，足以影響天下千千萬萬的百姓。

語譯

孔子說：「愛父母的人不敢惹其他人討厭。敬父母的人不敢招致他人的待慢。對父母盡其愛敬，而以德惠加於天下的人民，作為世人的典範，這大致上就是天子所實行的孝道了。《尚書．甫刑》說：『一個人的善行，令到千千萬萬的人得益。』」

解說

《孝經》所說的孝道，與對其他人的道德責任並沒有矛盾。《孝經》對孝與其他社會責任之間可能存在的矛盾，有特別深入的探討。這反覆說明父母眼中的孝子亦必是社會上的好人。所以《孝經》不僅是宣傳孝道的教材，更是有原創性的哲學論著。它重新解釋孝道，解決了孝與其他社會責任可能存在的矛盾。

《孝經》在〈開宗明義章〉之後，分五章討論不同崗位的人子實踐孝的內容。這一章是說天子之孝。天子要實行孝道，並不可以損天下以奉自己的父母；相反，要對父母盡孝，就要善待全世界的所有人。如果自己惹其他人討厭，也會令其他人討厭自己的父母；如果自己待慢別人，也會導致別人待慢自己的父母。所以要敬愛自己的父母，就要追求別人也敬愛自己的父母，而達致此目標的方法，就是自己先行善待其他人。如此便會招來其他人的回報，也就是為父母帶來各人的擁戴了。

思考題

1. 天子之孝與一般人的孝有不同嗎？
2. 為甚麼孝不單只是善待父母，亦要善待其他人？
3. 天子之孝的重點是甚麼？
4. 真正的孝子應該損害他人以事奉自己的雙親嗎？
5. 天子的地位崇高，他應該比別人做得更多還是更少？
6. 天子只是一個人，他如何能做出令萬民得益的事？

諸侯章第三

章旨

本章論諸侯之孝。諸侯坐享高位，上承祖先蔭澤，下保子孫產業，行事要切戒驕橫，務必謙虛自制。以「制節謹度」為原則，以「和其民人」為依歸。

在上不驕，高而不危[1]；制節謹度，滿而不溢[2]。高而不危，所以長守貴也[3]；滿而不溢，所以長守富也[4]。富貴不離其身，然後能保其社稷，而和其民人，蓋諸侯之孝也[5]。《詩》云：「戰戰兢兢，如臨深淵，如履薄冰[6]。」

註釋

(1)「在上」，指諸侯在百姓之上的地位。他們如何才能保持其在上的地位呢？《孝經》認為在上位者要能做到不驕恣，其高位才不會勢危，這才是他們盡孝之道。

（2） 溢，音日（jat[6]），即滿溢、傾瀉。全句謂：如果能自我節制，謹慎有度地使用財富，則其財富雖然豐足，卻不會傾瀉。

（3） 意謂：能夠保持高而不危，乃是能長期保持其尊貴之方法。

（4） 意謂：能夠保持滿而不溢，乃是能長期保持其富有之途徑。

（5） 諸侯盡孝，就要保守其宗廟社稷，方法是保持謙卑及自我節制，不敢招致人民的憤恨和厭惡。稷，音職（zik[1]）。

（6） 兢，音經（ging[1]）。此句形容行事謹慎的態度，有如到了深淵旁邊，又有如走在薄冰之上。

語譯

在上位不驕，這樣雖然位高卻不會勢危；行事有節制又審慎，這樣雖然日有增益，仍不會滿溢。在高位卻不勢危，才可以長守尊貴。日有增益而不滿溢，才可以長守富有。自己保有富貴，才可以保有其社稷，以及令其人民和諧。這大致上就是諸侯所實行的孝道了。《詩經》說：「戰戰兢兢，就好像是走近深淵，又好像是走在薄冰之上。」

解說

《孝經》所說的孝道，包括各種美德。上章說天子之孝，本章說諸侯之孝。以下說卿大夫、士、庶人之孝。其含義不僅是說不論甚麼地位都要盡孝，更是具體地指出盡孝的內容不僅是善事父母，而是要盡自己崗位上的職責。天子、諸侯、卿大夫、士、庶人，各有其職責，都以各盡其職責為孝的內容。合此五章而論，孝的內容包括：愛人敬人、謙卑節制、慎言慎行、盡忠事君、供養父母。

思考題

1. 孝與謙虛謹慎有何關係？
2. 盡孝的人為甚麼不可以只是考慮自己家族的利益？
3. 你是否贊成「持盈保泰」的做人態度？
4. 你認為「滿招損，謙受益」是否真理？
5. 你認為在上位者比在下位者是否更需要保持謙卑的態度和謹慎的作風？

卿大夫章第四

章旨

本章論卿大夫之孝。卿大夫各有其職分——履行其職務，慎言慎行，循規蹈矩，就是卿大夫之孝。

非先王之法服不敢服[1]，非先王之法言不敢道[2]，非先王之德行不敢行[3]。是故非法不言，非道不行[4]。口無擇言，身無擇行[5]，言滿天下無口過，行滿天下無怨惡，三者備矣，然後能守其宗廟，蓋卿大夫之孝也。《詩》云[6]：「夙夜匪懈[7]，以事一人[8]。」

註釋

(1) 第一個「服」字指服裝，第二個「服」字指穿著。意謂，不是先王規定的服裝不敢穿。

(2) 「言」指話語，「道」指道説。意謂，不是先王規定的説話不敢説。

（3）「德行」之行，音幸（hang[6]）。「敢行」之行，音恆（hang[4]）。

（4）不合乎規矩的說話不敢說，不合乎正道的行為不敢做。

（5）擇，此處指隨意的選擇。意謂：口不會隨意說話，身體不會隨意行為。

（6）《詩經．大雅．烝民》。

（7）夙，音縮（suk[1]），早晨。夜，晚上。匪，非也，不也。懈，懈怠。全句意即不論早晨或夜晚都不懈怠。

（8）事，事奉，即為人辦事。一人，指君主。意謂：盡心盡力地為君主辦事。

語譯

不合乎先王規範的服裝不敢穿，不合乎先王規範的說話不敢講，不合乎先王規範的行為不敢做。因此言必守法，行必遵道。不隨便選擇說話和行為。說話雖多卻沒有說錯，行為雖多卻沒有招怨。三方面都做到了，才能長守宗廟之祀，這要算是卿大夫之孝了。《詩經》說：「早晚都不懈惰，以事奉國君。」

解說

此章說到卿大夫的孝，其內容是慎言慎行。到底慎言慎行與孝有甚麼關係呢？《孝經》所說的孝，就是做父母的好子女，而做父母的好子女，就是堂堂正正地做人，不會令父母蒙羞，最好能令父母感到光榮。然而，人在社會上有不同的崗位，所以孝亦有不同的內容。第二至第六章分別說到天子、諸侯、卿大夫、士、庶人的孝。卿大夫既不像天子、諸侯那樣擁有權力和財富，亦不如士、庶人那樣沒有甚麼社會責任和承擔。他們有其崗位，有其官職，有其分責，所以他們要按崗位、官職、分責的要求行事。《左傳》說：「守道不如守官。」《論語》說：「君子思不出其位。」卿大夫行事，不可以每事都訴諸最高原則，因為國家不是由他一人經營，他要配合其他人一起治理國家。天子設官分職，卿大夫的行事準則，就是要恰如其職，恰如其位，恰如其分。

思考題

1. 孝與盡忠事上有何關係？
2. 盡孝的人為甚麼會慎言慎行？
3. 卿大夫的孝有何特點？
4. 「法」、「道」指的是甚麼？為何如此重要？
5. 「口不擇言」是甚麼意思？《孝經》所說的「擇言」又是甚麼意思？
6. 孝的道理是一個還是有很多個？不同地位、身份的人實行的孝道是否亦不同？

士章第五

章旨

本章論士之孝。士之孝本於對父母之敬愛，而將之應用以事君。一方面是忠於職守，不辱父母教導；另一方面是保其祿位，以供養及事奉父母。

資於事父以事母，而愛同[(1)]。資於事父以事君，而敬同[(2)]。故母取其愛，而君取其敬，兼之者父也[(3)]。故以孝事君則忠，以敬事長則順[(4)]。忠順不失[(5)]，以事其上，然後能保其祿位，而守其祭祀[(6)]，蓋士之孝也。《詩》云：「夙興夜寐[(7)]，無忝爾所生[(8)]。」

註釋

(1) 資，取也。事，事奉。事父以愛敬，事母則以愛為主，故所用以事父者，可資以事母。

(2) 事父以愛敬，事君則以敬為主，故所用以事父者，可資以事君。

（3）事奉母親要盡愛，事奉君主要盡敬，事奉父親則是兼及愛與敬。

（4）長，長上，包括上文所說的卿、大夫。天子、諸侯是君，事之以忠；卿、大夫則是與自己一起事君而地位較自己高級者（假定自己的地位是士），事之以順。

（5）忠是盡心辦事，對象是君；順是尊重上級，對象是上司。意謂兩方面皆按應有規矩而行，沒有出錯。

（6）保持俸祿和地位，以維持對祖先的祭祀。

（7）夙，早也。興，起床。寐，音未（mei^6），上床睡覺。意謂起得早睡得晚，即很勤力地工作。

（8）忝，音恬（tim^5）或舔（tim^2），辱也。不要令生育自己的人蒙羞，即不要令父母蒙羞。

語譯

用事奉父親的態度事奉母親，相同之處是愛；用事奉父親的態度事奉君主，相同之處是敬。所以事奉母親以愛為重，事奉君主以敬為重。事奉父親則要兩者兼備。因此將事父的孝移來事君，就是忠。將事父的敬移來事長，就是順。不失忠順以事其上，然後可以保持祿位，繼續供給先人的祭祀，這就是士的孝。《詩經》說：「早起晚睡，不要使父母蒙受恥辱。」

解説

所謂「移孝作忠」，並非將孝轉換為忠，或以忠取代孝。而是說孝德一理，孝為德之本。各種美德皆可由孝推展出來，為國君辦事時盡忠是孝子的應有表現之一。

孝並不是心中只有父母，事事以父母為重，而是要做好自己的本分，做一個堂堂正正的人，「無忝爾所生」。孝的內容是做父母的好子女，也就是以自己的行為證明父母教導有方，因此孝的應用範圍絕對不限於善事父母，而包括在社會上做好自己的崗位，例如身為士的人為長上及君主盡力辦事。如此在社會上立足，心存忠信，才不愧為父母的好子女。

順帶一提，父、母、君，三者的地位皆是最高，如何可能？《孝經》的觀點是：從愛的角度而言，最愛的是母；從敬的角度而言，最敬的是君；從愛與敬的雙重角度而言，最敬愛的是父。三者性質不同，故敬愛的程度亦有差別。

思考題

1. 事父與事母有何相同及相異之處？
2. 事父與事君有何相同及相異之處？
3. 本章有說到事父之孝可以移用來事君嗎？所說的究竟是

甚麼道理？

4. 「士之孝」有何特色？你認為困難嗎？
5. 「無忝爾所生」與孝有何關係？
6. 此處所說的「無忝爾所生」與第一章所說的「揚名於後世，以顯父母」是同一回事嗎？

庶人章第六

章旨

本章論庶人之孝。不同崗位的人盡孝的內容有所不同，地位愈高，責任愈大。庶人能夠勤力工作，供養父母，已經算是做到了最基本的孝道。

用天之道，分地之利[1]，謹身節用[2]，以養父母，此庶人之孝也[3]。故自天子至於庶人，孝無終始[4]，而患不及者，未之有也[5]。

註釋

(1) 中國以農立國，此處所說的庶人以務農為生，故須順天之道、制地之利，勤力耕種，以求好的收成。

(2) 小心自己的行事，以及節儉地生活。

(3) 庶人的孝要求比較低，只要能照顧自己的父母就好了，並不要求對社會有很大的貢獻。

（4）「孝無終始」即「不論終始」，亦即「始如是，終亦如是」，也就是「始終如一」的意思。

（5）社會上各人的角色不同，盡孝的內容亦有不同，但都應該盡孝，其盡孝的內容亦切實可行，都是各人能力所及，並不會強人所難。

語譯

順從天之道，好好地利用大地的資源，謹慎行為，節約費用，以供養父母，這就是庶人之孝。因此，自天子以至庶人，一生人自始至終都可以行孝，說沒有能力行孝，是從來沒有過的事。

解說

任何人都可以盡孝，不過身份不同，盡孝的方式亦有異。庶人之孝的內容包括：順天、勤力、慎行、節儉、供養父母。這些都是很基本的要求，所有人只要願意去做，沒有做不到的道理。所以《孝經》認為社會上的人不論何種身份，沒有不能實行孝道的人 。

此章對一般人實行孝道的要求，對中國傳統的國民性格，有甚大的塑造功能。朱子《示俗文》云：「《孝經》云：用天之道，分地之利（**朱子原注〔下同〕：謂依時及節，**

耕種田土)，謹身節用(謹身，謂不作非違，不犯刑憲；節用，謂省使儉用，不妄耗費)，以養父母(人能行此二句之事，則身安力足，有以奉養其父母，使父母安穩快樂)，此庶人之孝也。(能行此四句之事，方是孝順。雖是父母不存，亦須如此，方能保父母產業，不至破壞，乃為孝順。若父母生存不能奉養，父母亡歿不能保守，便是不孝之人，天所不容，地所不載，幽為鬼神所責，明為法官所誅，不可不深戒也。) 以上《孝經・庶人章》，正文五句，係先聖至聖文宣王所說。奉勸民間逐日持誦，依此經解說，早晚思維，常切遵守，不須更念佛號、佛經，無益於身，枉費力也。」(《朱子文集》，卷九十九)

思考題

1. 黃道周(1585-1646)說：「庶人天子，貴賤雖殊，完生行道，始終則一。」[13] 到底庶人之孝與天子之孝是一還是不一？
2. 你是否認同《孝經》所說，人人都有能力盡孝道，「而患不及者，未之有也」？
3. 第一章說「夫孝，始於事親，……終於立身」，此章卻說「孝無終始」，前後所言是否有矛盾？

---

13 《黃道周孝經》，上海：上海書畫出版社，2011，第 32-33 頁。

三才章第七

章旨

本章申明孝為常道，植根於人性，故能傳之久遠，深入民心。指出順人性而治，才可以收到「不肅而成，不嚴而治」的效果。本章又提出「先之」、「陳之」、「導之」等等非強制的管治辦法。

曾子曰：「甚哉[1]，孝之大也！」

子曰：「夫孝，天之經也[2]，地之義也[3]，民之行也[4]。天地之經而民是則之，則天之明[5]，因地之利[6]，以順天下[7]，是以其教不肅而成，其政不嚴而治[8]。先王見教之可以化民也，是故先之以博愛[9]，而民莫遺其親[10]；陳之以德義，而民興行[11]；先之以敬讓，而民不爭[12]；導之以禮樂，而民和睦[13]；示之以好惡，而民知禁[14]。《詩》云：『赫赫師尹，民具爾瞻。』」[15]

註釋

（1）「甚哉」，指下文所說的孝的偉大程度。

（2）經者，常也。天之經為有常。意謂孝是永恆不變的常理。

（3）義者，利之和也。地之義為利物。意謂孝有利於民生日用。

（4）行，指善行，「行」音幸（hang[6]）。全句謂孝是常理，有實際的效益，亦是人們應有的行為。如天之有常，如地之利物，是人恰如其分的行為，也就是說孝是貫通天地人的道理。天地人合稱為「三才」，這是本章取名「三才章」的由來。聖人順天道地理，亦順人性人情，這是聖人不費大氣力又能收到良好效果的要訣。

（5）「則」，動詞，即「效法」的意思。天地有其常理，人民按此原則而實行孝道，效法天的光照萬物。

（6）「因」，動詞，即「因應」或「因循」的意思。全句謂參照地的恩澤萬物。

（7）「順」，動詞，即「理順」，謂按照順性的原則去治理天下。儒家主張順人性而治，而不是勉強人們在迫不得已之下為善。

（8）肅，疾也，速也。嚴，厲也，威也。在教育方面，不用逼迫的方法，就可以收到成效；在政治方面，不用嚴厲的手段，就可以治理得好。儒家主張的是柔道教育與柔道政治。

(9) 先王認為教育可以化民，所以重點用的是引導而不是強迫的辦法，自己率先對各人博愛，引導人們效法。值得留意的是，領導人自己行一大步（博愛），但只要求人民行一小步（莫遺其親），正與〈天子章〉及〈庶民章〉的內容呼應。

(10) 遺，即遺漏、疏忽的意思。領導者率先對眾人博愛，百姓自然不好對自己的父母疏於照顧。

(11) 陳，陳說。興，指發自內心的行為動機。行，動詞，音恆（hang4）。興行，即自動自覺主動積極地實行，毋須別人監督。此段說了三種教民方法——陳之、先之、導之。方法一是向他們陳述美德有多高尚多吸引，令他們內心有一鼓動力，自發行動起來。

(12) 方法二是以身作則，令他們效法。先之，指在要求人們之前，先以身作則，起着帶頭和示範的作用。

(13) 方法三是提供容易實行的辦法和好的氛圍，讓他們安而行之。導，即疏導的導，即不用強迫的辦法，而是製造有利條件，使人們順勢實行。所謂「民可道〔導〕也，而不可強也。」(《郭店楚簡·尊德義》)

(14) 僅指出甚麼可取甚麼不可取，人民就知所趨避，毫不勉強。

(15) 赫，音克（haak1/hak1）。師尹，指周代的太師（位居三公之首）伊尹，由於伊尹是太師，故又稱「師尹」。

詩句歌頌師尹在人民的心目中地位崇高，是人民景仰和效法的對象，不用多言，令人望風而從。

語譯

曾子聽完孔子的說話讚歎說：「孝真是偉大呀！」孔子說：「孝有如天之永恆有常，又有如地之利物厚生，是人民的根本德行。天地不變的道理，人民自然要效法它。效法天上的日月星辰，憑藉地上山澤之利，以理順天下。如此其教化才可以不用嚴厲的手段而有成效，管治不用苛刻的辦法就治理得好。先王認為教育可以化民，所以帶頭實行博愛，人民便不會遺棄其父母。向人民陳述德義的美好，他們便樂意實行。帶頭禮讓，他們就不會相爭。以禮樂引導人民，人民就能和睦相處。只要讓人民知道甚麼是可取的，甚麼是不可取的，他們就知所避忌。《詩經》說：『師尹威名顯赫，人民都在仰望他。』」

解說

先王的教化，其特色在順人性而治。由於是順人性而治，所以不靠強權，又容易收效。這就是《孝經》所說的「不肅而成」、「不嚴而治」的道理。所謂「教化」，就是以身作則，潛移默化。率先實行博愛、率先實行敬讓，使其他人效法。以德義、禮樂引導人們的行為，也只是如春日和風，向人們溫柔地邀請，人們已欣然樂從，這就是聖人當道時所實行的教化。《易經．豫．彖傳》:「聖人以順動，則刑罰清而民服。」說的也是聖人順人性而治的道理。

思考題

1. 聖人之教為甚麼是「不肅而成，不嚴而治」?「不肅而成，不嚴而治」比起「肅而成，嚴而治」有何好處？
2. 《孝經》不是教人孝道嗎，為甚麼此處竟然說「博愛」? 孝與博愛有何關係？
3. 陳之、先之、導之，三種方法有何不同？單用其中一種方法是否就可以了？
4. 儒家所說的「順治」，到底是怎樣的一回事？
5. 對天地也要盡孝嗎？「則天之明，因地之利」是否可看成是對天地盡孝？如果將孝理解為對生我育我的父母報本，對生育萬物的天地是否亦應該有所回報？
6. 何謂「興行」? 為何要「興行」，而不是「強行」、「隨行」、「執行」、「奉行」?

孝治章第八

章旨

本章解釋何謂「以孝治天下」，指出其重點在於對所有人都不敢欺侮，並且努力去得到百姓的歡心。

子曰：「昔者明王之以孝治天下也[1]，不敢遺小國之臣[2]，而況於公、侯、伯、子、男乎[3]？故得萬國之懽心[4]，以事其先王[5]。治國者不敢侮於鰥寡，而況於士民乎[6]？故得百姓之懽心，以事其先君[7]。治家者不敢失於臣妾，而況於妻子乎[8]？故得人之懽心，以事其親。夫然，故生則親安之[9]，祭則鬼享之，是以天下和平，災害不生，禍亂不作[10]。故明王之以孝治天下也如此。《詩》云：『有覺德行，四國順之[11]。』」

註釋

(1) 明王，英明的君主。以下講述古代英明君主以孝道治理天下的道理。

(2) 遺，遺漏、忽略。謂對小國之臣也不敢忽略，更不要說是大國之君了。

(3) 如上文〈天子章第二〉所言，作為天子者愛其親，必不敢見惡於人。連地位低微者也不敢得罪，更遑論是有地位權力的人了。

(4)「萬國」，泛指世上各國，極言其多。「懽」，音歡(fun1)；「懽心」，即「歡心」。

(5) 得萬國之歡心，以事其先王，則自然各方讚賞，榮歸祖先。

(6)「鰥寡」，指鰥夫寡婦。老而無妻為鰥夫，老而無夫為寡婦。(見《禮記 · 王制》:「老而無妻者謂之鰥，老而無夫者謂之寡，此天民之窮而無告者也。」) 舊日社會認為他們無親無故，是社會上最可憐的人。全句意謂：對社會上的弱勢社群也不敢得罪，更何況是一般的平民百姓呢？ 治國者萬萬不可欺善怕惡，反而要優先照顧弱勢社群，以顯示政府不會忽視任何人。治國之治，音持(ci4)。侮，音母(mou5)。鰥，音關(gwaan1)。

(7) 以上論「得百姓之歡心」，與「事其先君」，不但不是背道而馳的兩回事，更是相輔相成。得到百姓之歡心，才能更好地事奉先君。

(8) 治家的道理亦相同，基本原則是令家中各人各得其所，不懷怨恨，對地位低微力量薄弱者亦不敢忽視，如此則家中各人皆得到充分照顧與尊重，這才是家人和睦相處的要訣。「臣妾」指的是臣與妾，「妻子」指的是妻與子。治家之治，音持（ci4）。

(9) 只是善待自己的父母，卻待薄他人，則他人心生怨恨，自己的父母亦難以安享。得到各人的歡心，並在此基礎上事奉雙親，其享樂才是長久而安穩的。

(10)「災害」，指的是天災，雖然不是有人故意令到這些災害發生，但這些災害有時卻與人的妄為有關。「禍亂」，指的是人禍。全句意謂：既沒有自然的災害，也沒有人為的禍亂。

(11) 覺，即「大」的意思。四國，指四方之國。意謂：有大的德行，四方之國也會跟從。

語譯

孔子說：「古代的英明君王用孝道來管治天下，不敢忽略小國之臣，何況是各路諸侯呢？因此他能得到天下各國的歡心，以事奉自己的先王。治理國家者，不敢欺負鰥夫寡婦，更何況是士紳和平民呢？因此他能得到百姓的歡心，以事奉自己的先君。治家者，不敢得罪自己的臣與妾，更何況是自己的妻與子呢？因此他能得到別人的歡心，以事奉自己的雙親。如此，他的父母在生時，可以過安樂日子，死後則可享受祭祀。因此天下和平，沒有天然的災害，亦沒有人為的禍亂。這就是英明君王以孝治天下的情況。《詩經》說：『天子有高尚的德行，四方的諸侯都願意歸順。』」

解說

這一章解釋了「以孝治天下」的精粹。所謂「以孝治天下」並不是如一般人所說，只要統治者自己的家庭治理好了，則整個國家也會神奇地被治理好，也不是如古時有些人所說，只要選一些孝子做官，國家就會治理得好。

《孝經》此章所說的「以孝治天下」，指的是將實踐孝道貫穿在治理天下的過程中：為了更好地實現孝道，而想到怎樣才能令父母及祖先安享富貴及榮耀。要令他們安享，便不能心中只有自己的父母及祖先，而沒有其他人。要善待其他人，自己的父母及祖先才能安享。也就是說，實行孝道，與實行仁道，成為了相通的道理——更好地對待別人，也就是更好地實踐孝道，這就是「憑孝道可以治天下」的道理。

英明的領導人將孝發揮為仁政，善待各人，爭取其歡心。反過來，也能令自己更好地實踐孝道。

思考題

1. 何謂「以孝治天下」? 是否即以身作則，上行下效？是否即起用孝子來治理天下？是否視國為家，以治家之道治國？到底孝道是否真的可以用來治理天下？
2. 《孝經》說「治國者不敢侮於鰥寡」，道理何在？鰥寡有何可怕？為何不敢？
3. 要得到萬國的歡心，目的何在？方法又如何？
4. 事親和事人是否對立矛盾？又或是否獨立無關的兩件事？
5. 「天下和平」的基礎是甚麼？《孝經》此章只說到「治國者」自己諸多不敢，到底令人民諸多不敢是否亦是「天下和平」的基礎？

聖治章第九

章旨

本章論述孝何以是至高無上之德。作為至高無上之德，孝的基礎在「因本」、「順性」。君子不貴乎難得之行，而貴乎順乎人性、合乎人情。

曾子曰：「敢問聖人之德，無以加於孝乎[(1)]？」

子曰：「天地之性，人為貴[(2)]。人之行，莫大於孝。孝莫大於嚴父，嚴父莫大於配天[(3)]，則周公其人也。昔者周公郊祀后稷以配天[(4)]，宗祀文王於明堂以配上帝[(5)]，是以四海之內各以其職來祭[(6)]。夫聖人之德，又何以加於孝乎？故親生之膝下，以養其父母日嚴。聖人因嚴以教敬，因親以教愛[(7)]。聖人之教，不肅而成，其政不嚴而治，其所因者本也[(8)]。父子之道，天性也，君臣之義也[(9)]。父母生之，續莫大焉[(10)]；君親臨之，厚莫重焉[(11)]。故不愛其親，而愛他人者，謂之悖德[(12)]；不敬其親，而敬他人者，謂之悖禮。

以順則逆，民無則焉[13]，不在於善，而皆在於凶德；雖得之，君子不貴也[14]。君子則不然；言思可道，行思可樂[15]，德義可尊，作事可法，容止可觀，進退可度[16]，以臨其民，是以其民畏而愛之，則而象之[17]。故能成其德教，而行其政令[18]。《詩》云：『淑人君子，其儀不忒[19]。』」

註釋

（1）在德行之中「無以加於孝」，意即德行之中，以孝為最大。俗語說「無以復加」，意思就是「大到不能再大」。「無以加於孝」，即沒有比孝更大者。

（2）此處的「性」字，作「生」解。意謂：天地所生之萬物，以人最為寶貴。意思近於《尚書》所說的「人為萬物之靈」。

（3）此處所說的「嚴父」，義近於「大孝尊親」一語中的「尊親」，是比「不辱」更高的層次。不做出有辱父教的事，是為「不辱」；做出光大父母之德的事，是為「尊親」或「嚴父」。「孝莫大於嚴父」，即「孝莫大於尊親」。「配天」指的是在祭天的時候附帶祭祀先人，也就是在祭祀的時候先人與天同時受享。

（4）周公在郊祭天時，以周的始祖后稷配天，同時接受祭祀。稷，音職（zik[1]）。祭天與祭祖有類似的意義，都是感恩報本的精神。《書經．泰誓》說：「惟天地萬物父母，惟人萬物之靈。」《禮記．郊特牲》說：「郊之祭也，大報本反始也。」清楚說明天地對人之恩德，猶如父母，而祭天的意義亦在於報本反始。

(5) 周公又設明堂，聚集宗族各人，祭祀文王，與上帝同時配享。

(6)「職」，指職位或本分。意謂四海之內的人都按其分職，前來參與協助祭祀。

(7) 因着人們敬父母之心而教他們待人以敬，因着人們愛父母之心而教他們待人以愛。聖人之教，順人情而不拂人之性。《群書治要》引《孝經鄭注》云：「因人尊嚴其父，教之為敬，因親近於其父，教之為愛，順人情也。」

(8) 肅，促也，速也。嚴，厲也。聖人之道，不迫速而成，不嚴厲而治。「所因者本也」，所謂「本」就是人性、人情。父子之道，天性也，故順着此天性而教孝道，順着孝道而教對其他人的敬與愛，就是因其本而施其教。

(9) 父子之道，是天性，但其中又包括君臣之義。

(10) 子女對於父母，有延續家族生命的作用，故甚具重要性，可謂父母的命根子。

(11) 父母對於子女，既要管教又要照顧，可謂無上的恩德。總括而言，父母與子女在對方心目中的地位無可替代，可謂相依為命。

(12) 只能在愛自己父母的基礎上，愛其他人的父母，而不能不先愛自己的父母，而愛他人之父母，這樣做實在是違德背禮。悖，音背，讀如「背面」之背（bui^3）或「背書」之背（bui^6）。

(13) 應該順人性而治，但不如此做，卻反其道而行，如此人民便沒有可依的法則。

(14) 不本於人性中的善去引導，而要勉強人們遵從，縱使是做得到，君子亦不會視為可貴。君子以合情合理為可貴，不以難能為可貴。

(15) 君子的方法從容不迫，凡有主張必先考慮是否可行才提出來，凡有行為必是想過做了之後是否能心安才會去做。

(16) 提出的德義是人們可以跟着尊崇的；行事方式是其他人可以仿效的；容貌和舉止足為他人所仰望；不論是進或退都可以為他人的法度。

(17) 如此君臨其民，人民才會對他又敬又愛，以他為榜樣去效法他。

(18) 以自己的品德及行為去教人，故其教能收到成效，如此則政出令行。

(19) 淑，善也。忒，音剔（tik^1），即「差錯」。全句謂：善人君子，其威儀沒有差錯。

語譯

曾子說：「我大膽請問，聖人之德，有比孝更偉大的嗎？」孔子說：「天地所生之萬物，以人為貴。人的各種行為，沒有比孝更偉大。孝莫大於尊顯父親，尊顯父親莫大於以父親配天。第一個這樣做的人是周公。以前，周公在郊祭祀先祖后稷，在明堂祭祀文王以配上帝。因此四海之內的諸侯，各按職位，進貢財物特產以助祭。聖人的德行，有哪種能比孝更偉大呢？對父母的親情，生於在父母膝下的日子；較年長時事奉父母，對父母的尊重日漸增加。聖人循着人們對父母的尊重去教他們待人以敬，循着人們對父母的親情去教他們待人以愛。聖人的教化不用苛刻就可以收效，不用嚴厲就可以治理好。因為他根據的是人性的根本。父子之道，乃基於人的天性，又兼有君臣之義。父母生子女，是世代相續的關鍵。對子女的管教照顧，是最重的恩德。所以不愛自己的雙親而愛他人，這叫做違背道德。不敬自己的雙親而敬他人，就叫做違背禮法。應該順着去走，卻反其道而行，那麼人民便沒有準則可以跟從了。不居於善，反而用違背德行的方法治民，縱使能收效，君子還是認為是不可取的。君子的方法與此不同，說話要考慮是否能實行，行為要考慮是否能心安理得，道德觀念要考慮能否為人尊崇，做事要考慮是否能成為榜樣。容貌儀態要合乎觀瞻，進退行動要足以作表率。如此去統治人民，人民才會對他又敬又愛，效法和模仿他。所以他能夠完成他的道德教化，並推行他的政令。《詩經》說：『善人君子，他的威儀沒有一點差錯。』」

解説

照常理說，孝只是德之一端，為何竟然被説成是最大的道德呢？這是因為《孝經》所說的孝，已有了新的及更高層次的含義。

《孝經》這一章深刻地透露了儒家孝道思想的堅實基礎——其基礎就是人性。「天地之性，人為貴。」「父子之道，天性也。」「所因者本也。」儒家的一切社會、道德、政治理想，都是以此為基礎，順着人性去實踐。「因嚴以教敬，因親以教愛。」其步驟是愛其親以及於他人之親，不可「不愛其親而愛他人之親」。本乎人性人情，不貴難得之行，「行思可樂，作事可法」。由於儒家提倡順性而治，反對追求逆性難得之行，因此才可以「不肅而成，不嚴而治」。

所謂「孝莫大於嚴父，嚴父莫大於配天」，並不是說狂妄地以自己的父親配天就是大孝。值得注意的是，以嚴父配天的並不只是周公一人，但算得上是大孝的只是他一人。只有周公，才可以做到以祖先配天，因為其德行足以光耀祖先。他以祖先配天，四海前來輔祭，這才算是當之無愧。

思考題

1. 第一章說「夫孝，德之本也」，此章卻說孝是「至德」，「無以加於孝」，孝可以既是德之本又是德之至嗎？
2. 「天地之性，人為貴」，道理何在？人為何可貴？人如果沒有人性，還可貴嗎？有人性的禽獸，與沒有人性的人，何者更為可貴？
3. 「聖人因嚴以教敬，因親以教愛」，嚴與親又從何而生？
4. 「君子務本」，「所因者本也」，所謂「本」，指的是甚麼？
5. 何謂「行思可樂」？道理何在？「行不思樂」不是比「行思可樂」更高尚嗎？
6. 本章提出了甚麼理據，說明孝是至高至大之德？

紀孝行章第十

章旨

本章講解事親的基本要點。分別討論了居、養、病、喪、祭五事，在這五個情況下分別要盡敬、樂、憂、哀、嚴五種心意。

子曰：「孝子之事親也，居則致其敬[(1)]，養則致其樂[(2)]，病則致其憂[(3)]，喪則致其哀[(4)]，祭則致其嚴[(5)]，五者備矣，然後能事親[(6)]。事親者，居上不驕，為下不亂，在醜不爭[(7)]。居上而驕則亡，為下而亂則刑，在醜而爭則兵[(8)]。三者不除，雖日用三牲之養，猶為不孝也[(9)]。」

註釋

(1)「居」，指「日常家居」。致，盡也，即充分表達。致敬，即充分表達敬意。意謂在平常生活中，要對雙親表現出敬意。

（2） 致樂，即表達喜悅的心情。意謂供養父母，不但要在實際後果上讓他們足以過活，還要對他們表現出喜悅。

（3） 致憂，即表達擔憂的思緒。意謂在父母生病的時候，提供的不只是醫療和照顧，還要表達出憂心。

（4） 致哀，即表達哀傷的心境。意謂父母過身，要表達出悲哀。

（5） 致嚴，即表達莊嚴的氣氛。意謂祭祀時要表現出莊重嚴肅。

（6） 在以上的五個情況下，分別能致敬、樂、憂、哀、嚴，才算是做到事奉父母的本分。

（7） 在不同崗位都做好自己的本分，才算是孝——在上位不驕，在下位不亂，在人群中不惹事生非。

（8） 在上位而驕，則地位不保；在下位而亂，則會受到懲罰；在人群中惹事生非，則會與人發生衝突。這些行為都會為父母帶來煩惱，亦辜負父母的教導。

（9） 孝道並非心中只有父母而無其他人，不做好自己的本分，只是對父母提供豐厚的供養，仍算是不孝。三牲，即豬牛羊，意指豐厚的供養。

語譯

孔子說：「孝子事奉父母，在日常生活中要表達敬意，供養父母要表達愉快的心情，父母有病要表達憂愁，辦喪事要表達哀傷，致祭要表達莊嚴。五方面都具備了，才算是善事父母。善事父母的人，位居人上不會驕傲，位居人下不會作亂，在人群中不會互相爭鬥。位居人上而驕傲，就會滅亡。位居人下而作亂，就會受到刑罰。在人群中互相爭鬥，就會互相殘害。這三種行為作風不戒除，縱使是每天都用三牲來供養父母，仍然算是不孝。」

解説

事奉父母不單要有行為，還要有心意。孔子說：「今之孝者，是謂能養 …… 不敬，何以別乎？」(《論語 · 為政》) 孔子所說的孝，事親只是其中的一個方面；而在事親這個方面，孝的內容絕不止於供養父母，還要包括對父母表達敬意。

更進一步說，事奉父母不單是好好地對待父母本人，還要好好實行他們的教導，實現他們的期望，也就是要好好做人，不論在甚麼崗位，都做好自己的本分。如此去了解孝道，才算是比較全面。

思考題

1. 所謂「事親」，是否即供養父母？除了供養父母之外，還要如何對待父母？

2. 所謂「致憂」或「致哀」，是否即裝作憂愁或哀傷的樣子？這樣做是否虛偽？父母與子女之間也要裝模作樣嗎？《孝經》強調「順性」、「因本」、「天性」、「行思可樂」，此處之「致憂」、「致哀」，應如何理解？
3. 「事親」與「居上不驕，為下不亂」有何關係？
4. 「敬」與「致其敬」有何分別？如果說「孝子之事親也，居則敬，養則樂，病則憂，喪則哀，祭則嚴」，與原文所說在義理上有何分別？
5. 常言道：「有之於內，形之於外」，《孝經》此章所言的敬、樂、憂、哀、嚴，是有之於內形之於外，還是無之於內而求之於外？
6. 有人說：西方人將對家人的愛表現出來，中國人卻將對家人的愛收藏在心內。若以《孝經》為準，你認為以上的說法是否正確？

五刑章第十一

章旨

本章承上章論事親，進一步指出，孝除了事親外，最起碼要做到「不辱」，即不做令父母蒙羞的事。

子曰：「五刑之屬三千[(1)]，而罪莫大於不孝[(2)]。要君者無上[(3)]，非聖人者無法[(4)]，非孝者無親[(5)]，此大亂之道也[(6)]。」

註釋

（1）「五刑」，指古代五種主要刑罰，即：墨（刺字）、劓（割鼻）、刖（斬足）、宮（閹割）、大辟（處死）。要受到五大類刑罰的罪行共有三千種之多。

（2）意謂在三千種罪之中，不孝是屬於最重的罪。在古代中國，要受到極刑處分的有兩大罪行，即謀反和大不孝。

(3)「要君」之「要」，音腰（jiu[1]），有挾而求謂之「要」。所謂「無上」，是指沒有把君主放在心裏或眼內。意謂：要挾君主者，即不承認君主的崇高地位。

(4)「非」，動詞，即「否定」的意思。所謂「無法」，是指沒有把聖人的規矩放在心裏或眼內。意謂：否定聖人者，即不承認聖人是效法的對象。

(5)「親」，指父母，即雙親。所謂「無親」，即不把父母放在心中。意謂：否定孝道者，即不承認親情。

(6)君主、聖人、孝道代表了人世間的三重標準：現實權威、道德規範、人倫感情。否定這三者，也就是否定人間之秩序，故是大亂之道。

語譯

孔子說：「觸犯五刑的行為有三千種，沒有比不孝更大罪的了。要挾君主的人目無君上，否定聖人的人目無法度，否定孝道的人沒有親情，都是大亂的根由。」

解說

為甚麼犯五刑是不孝？因為為人子者犯事而受刑，會令父母擔憂及蒙羞，故屬於不孝的行為。為甚麼這裏忽然提到五刑？邢昺《孝經疏》說：「以前章有驕亂忿爭之事，言此罪惡必及刑辟，故此次之。」上章〈紀孝行章〉提到：「為下而亂則刑。」此章承其意而申述之。

此章重申孝是德行之基，指出忽視孝道，就是否定倫理，也就是否定了社會秩序的基礎。

思考題

1. 不孝固然不好，但為何要視為最大的罪？道理何在？是否合理？
2. 如果一個人非議聖人，但提倡人權、法治、民主、自由，也可說是「無法」嗎？
3. 如果一個人反對孝道，但贊成父母愛護子女，也可說是「無親」嗎？
4. 本章說否定孝是「大亂之道」，你認為是否有道理？

廣要道章第十二

章旨

本章進一步解釋為甚麼說孝是「要道」。孝之所以是「要道」，因為孝有社會性，可以推廣開來，勞少而功多。

子曰：「教民親愛，莫善於孝(1)；教民禮順，莫善於悌(2)；移風易俗，莫善於樂(3)；安上治民，莫善於禮(4)。禮者，敬而已矣(5)。故敬其父則子悅(6)，敬其兄則弟悅，敬其君則臣悅，敬一人而千萬人悅(7)。所敬者寡，而悅者眾，此之謂要道也(8)。」

註釋

(1) 善，優越。莫善於孝，即沒有甚麼可以優越於孝。全句意謂：要教人民互相親愛，沒有比孝更好的辦法。

(2) 悌，音娣（dai^6 / tai^5）。泛指兄弟間的情誼，亦可專指弟對兄的敬順。

（3）移風易俗，即改變社會的風俗。儒家的政治主張是變無道為有道，絕不保守。然而，改變風俗亦要行之有法。要改變風俗，不能雷厲風行，要潛移默化，激發人心。要潛移默化，激發人心，沒有比音樂更好的方法。

（4）使在上者安於其位、平民過着安穩的生活，沒有比禮更恰當的手段。

（5）禮的用意，不外是表達敬意罷了。

（6）尊敬一個父親，則他的眾子皆悦。

（7）尊敬一個人，則所有尊敬這個人的人都會感到歡喜。

（8）要道，扼要之道，也就是執簡馭繁之道。敬少數的人，卻能令大部分人心悦誠服，可算是執簡馭繁的扼要之道。

語譯

孔子説：「要教人民互相親愛，沒有比孝道更好的了。要教人民有禮而和順，沒有比悌道更好的了。要移風易俗，沒有比音樂更好的了。要上安君王，下治百姓，沒有比禮更好的了。所謂『禮』，不外是互相尊敬而已。你尊敬別人的父親，他的兒子就會歡喜。你尊敬別人的兄長，他的弟弟就會歡喜。你尊敬別人的君主，他的臣下就會歡喜。所敬的人雖是少數，但歡喜的卻是多數。這才算是執簡馭繁的要道。」

解說

第一章〈開宗明義章〉提到孝是「至德要道」，可以用之「以順天下」，因為孝是「德之本也，教之所由生也」。孝道之所以可行，其根本原因是孝本於人性，實行孝只是順人性，而不是強人所難。此章名為〈廣要道章〉，進一步解釋為甚麼孝道是執簡馭繁的要道。提倡孝道，就是敬重人們的父母兄長，敬重人們的父母兄長，則不單為人父母兄長的會喜悅，有父母兄長的人都因為人們敬重自己的父母兄長而喜悅，這就是「所敬者寡，而悅者眾」的道理。

思考題

1. 儒家區分刑法與禮樂兩種治民手法，到底以禮樂治民有何優點？
2. 《孝經》說孝是「至德」又是「要道」，為甚麼說孝是要道？
3. 為甚麼要「移風易俗」?
4. 所謂以孝治天下，如何實行？是否要逐家逐戶上門教人孝道？
5. 「敬一人則千萬人悅」，道理何在？到底那一人是誰？為何敬此一人能令千萬人喜悅？

廣至德章第十三

章旨

本章進一步解釋為甚麼說孝是「至德」。這是因為以孝治天下是順應民心。能「順民」，所以是「至德」。

子曰：「君子之教以孝也，非家至而日見之也[1]。教以孝，所以敬天下之為人父者也[2]；教以悌，所以敬天下之為人兄者也[3]；教以臣，所以敬天下之為人君者也[4]。《詩》云：『愷悌君子，民之父母[5]。』非至德，其孰能順民如此其大者乎[6]？」

註釋

(1) 君子教人孝道，並不需要逐家逐戶到人們的家中施教，或要每日監督人們的行為。

(2) 君子以身作則，敬天下之為人父者，就是在教人孝道。

(3) 君子以身作則，敬天下之為人兄者，就是在教人悌道。

（4）君子以身作則，敬天下之為人君者，就是在教人臣道。

（5）愷，音海（hoi²）。愷悌，和樂而平易近人的模樣。語出《詩經．大雅》，意謂和樂而平易近人的君子，是人民的父母。

（6）「孰能」，即「誰能夠」的意思。意謂：除了是具有至德的人，還有誰能夠順應人民到這樣大的程度呢？

語譯

孔子說：「君子以孝道教人，並非要到人們家中每天見着去教人。以孝道教人，就是要尊敬天下為人父的人。以悌道教人，就是要尊敬天下為人兄的人。以臣道教人，就是要尊敬天下為人君的人。《詩經》說：『平易近人的君子，有如人民的父母。』如果不是有最高德行的人，怎能如此順應民心呢？」

解說

第一章〈開宗明義章〉提到孝是「至德要道」，上章進一步解釋了為甚麼孝是「要道」，這章進一步解釋為甚麼孝是「至德」。

「至德」的要義，就是「順民心」。提倡孝道，即是因人之所敬而敬焉，因人之所愛而愛焉，因敬人而敬人之所敬，因愛人而愛人之所愛，推己及人，遍及萬民，故是「至德」。

思考題

1. 孝道為何是執簡馭繁的至德要道，此章對此有何進一步的解釋？
2. 此章所說的「順民」，應如何理解？
3. 有人說，儒家實施的是威權統治。你從《孝經》也會得出此一印象嗎？
4. 所謂「教以孝」，是誰人走出第一步？誰人對誰要盡何種責任？對在上者抑或在下者的要求較大？

廣揚名章第十四

章旨

本章進一步解釋，孝與「揚名聲顯父母」的關係。所謂「揚名」，是「行成於內，而名立於後世」，將孝應用於事君以至於立身行道，故能將美名歸於父母。

子曰：「君子之事親孝，故忠可移於君[1]；事兄悌，故順可移於長[2]；居家理，故治可移於官[3]。是以行成於內，而名立於後世矣[4]。」

註釋

(1) 事親的孝心，可以被應用來作為事君的忠心。

(2) 事兄的悌順，可以被應用來作為事長的忠順。

(3) 履行自己在家內的倫理責任，可以被應用來去履行自己崗位的職責。

(4) 「行成於內」，「名立於後世」，就是第一章所說的「孝之終也」，也就是「大孝」或「孝的最高階段」。行，即品行之行，音幸（hang^6）。

語譯

孔子說：「君子事親盡孝，他對父母的忠可以轉過來事君。事兄盡悌，他對兄的順可以轉過來事奉尊長。將家庭打理得好，他的治家之道可以轉過來履行官職。所以在家完成其德行，美名就會建立及流傳於後世。」

解說

《孝經》提倡的是忠孝一理，孝為德之本，推之可以立身行道。由孝親、事兄、理家，以至忠君、順長、治官，都是以德為本的立身行道的表現。

簡朝亮《讀書堂答問》說得好：「孝子忠臣，相成之道也。以忠為孝者，所謂立身行道，揚名於後世，以顯父母也。」[14] 意謂忠與孝並非兩個對立的道理，而是相輔相成。所謂「以忠為孝」，並不是以忠取代孝，而是指立身行道，以光大父母之德，既是忠，又是孝。此即忠孝一貫之理。

---

14 簡朝亮，《孝經集注述疏——附讀書堂答問》，上海：華東師範大學出版社，2011，第 200 頁。

思考題

1. 《孝經》說「事親孝」，移來事君的話，可以做到「事君忠」，道理何在？你是否贊同？
2. 家庭倫理與公共倫理是否有矛盾？克盡對家庭的人倫責任，是否有助於克盡對公共事務的倫理責任？二者會否有衝突？如果有衝突時應該怎樣辦？
3. 「行成於內」與「名立於後世」，何者更為根本？兩者是否有必然關係？如果二者不能兼得，何者更為重要？
4. 所謂「忠君」，應如何理解？

諫爭章第十五

章旨

本章解釋孝並不是凡事順從父母，並且指出在父母行為不合於義的時候，子女有責任諍諫，不向父母諍諫不是孝，而是不孝。

曾子曰：「若夫慈愛恭敬[1]，安親揚名[2]，則聞命矣[3]。敢問：子從父之令，可謂孝乎[4]？」子曰：「是何言與[5]！是何言與[6]！昔者，天子有爭臣七人，雖無道，不失其天下；諸侯有爭臣五人[7]，雖無道，不失其國；大夫有爭臣三人，雖無道，不失其家；士有爭友，則身不離於令名[8]；父有爭子，則身不陷於不義[9]。故當不義[10]，則子不可以不爭於父，臣不可以不爭於君。故當不義則爭之。從父之令，又焉得為孝乎[11]？」

註釋

（1）慈愛恭敬，都是事奉父母之道，主要分為兩組，即愛與敬。愛之表現於行為為慈，敬之表現為外貌為恭。合言之為「慈愛恭敬」。〈聖治章第九〉已經說過敬親及愛親的道理。

（2）「安親」的道理，在〈孝治章〉解釋過了，就是要對其他人好，父母才可以安心接受自己的孝養。「揚名」的道理，在〈廣揚名章〉解釋過了，做好自己在不同崗位上的職責，才可以為父母獲取良好的聲譽。

（3）「命」，指示，教導。意謂以上的道理，已聽過老師教導了。

（4）兒子服從父親之命令，可以算是孝嗎？

（5）是，此也。言，說話。與，音歟（jyu4），疑問詞。全句意謂：這算是甚麼說話呢？

（6）孔子把話說兩次，表明絕不同意「從父之令是孝」的觀點。意謂此觀點不單是錯，還是大錯。

（7）「爭臣」，直言勸諫之臣。

（8）「令名」，即美好之名。「令德」，美德也；「令辭」，美辭也；「令終」，善終也。身者，己也。修身，修己也。自身，自己也。全句謂：作為一個士，如果有向自己直言勸諫的朋友，則自己不會蒙上不好的名聲。

（9）父親有一個對自己直言勸諫的兒子，則自己不會陷於不義。

(10)當，音噹(dong[1])，遇到。「當不義」，即遇到不義，或每逢有不義的情況。

(11)孝子「當不義則爭之」，從父之令則雖不義亦不爭，故從父之令不得為孝。焉，音煙(jin[1])。

語譯

曾子說：「諸如慈愛、恭敬、安親、揚名的道理，已經聽老師講明白了。我想向老師請教，兒子服從父親的命令，可以算是孝嗎？」孔子說：「這算是甚麼說話呢？這算是甚麼說話呢？以前的天子有諫臣七人，縱使是無道，仍不至於失去天下。諸侯有諫臣五人，縱使是無道，仍不至於亡國。大夫有諫臣三人，縱使是無道，仍不至毀家。一個士人身邊有直言勸諫的朋友，就可以保持美好的名聲。一個父親有勸諫他的兒子，就不會身陷於不義。所以遇到父親不義，兒子不可以不向父親諍諫；遇到君主不義，臣下不可以不向君主諍諫。所以遇到不義就要諍諫。服從父親的命令，又怎麼會算是孝呢？」

解說

此章論兒子不可以不勸諫父母。當然，由於父子的特殊關係，勸諫亦有特別的方法。《禮記・內則》說：「父母有過，下氣怡色柔聲以諫。諫若不入，起敬起孝，說〔悅〕則復諫。」意思是說，勸諫父母要盡量用溫和的語調和態度，勸諫不聽時也不可以輕易放棄，要加倍的孝敬父母，用誠意愛心去感動他們。[15]

《禮記・檀弓》說：「事親有隱而無犯，事君有犯而無隱。」對君與親的勸諫有不同的原則。對於父母，可以對人隱瞞其錯處，卻不可犯顏直諫；對於國君，可以犯顏直諫，但不可對人隱瞞其錯處。事君是建基於道義，不合道義則據理力爭，不能行道義則應該離去。與父母的關係是建基於親情，建基於天性。天性不可泯滅，親情不可割斷。父母有錯當然要勸諫，但不可因為道義而完全泯滅天性和親情，始終要抱着不離不棄、與人為善的態度。

思考題

1. 《孝經・諫爭章》說：「當不義，則子不可以不爭於父。」然而，在《論語》中，孔子卻說：「事父母幾諫。見志不從，又敬不違，勞而不怨。」兩處所言是否有矛盾？到

---

15 《禮記・曲禮》又說：「為人臣之禮，不顯諫，三諫而不聽，則逃之。子之事親也，三諫而不聽，則號泣而隨之。」君臣之倫可以放棄，但父子之倫無所逃於天地之間，儒家提出的最後一個方法是跟隨在父母身後哭泣，以無比至誠及無疆大愛去感動他們。

底是必爭還是僅僅是伺機嘗試去爭？

2. 兒子不順從父親，與父親爭辯，為何還可以說是孝？
3. 凡事順從父親，為何是不孝？
4. 有人認為儒家鼓吹絕對的忠孝，說甚麼「君要臣死，臣不死，是為不忠；父要子亡，子不亡，是為不孝」，也就是愚忠愚孝。根據你對《孝經》的理解，你認為這些說法是否合乎事實？
5. 為甚麼一般人對傳統孝道的印象，與《孝經》所說的孝道，會有這樣大的差別？

感應章第十六

章旨

本章申論孝有感應的能力，真誠的孝能令人感動，有感就會有應。

子曰：「昔者明王事父孝，故事天明[1]；事母孝，故事地察[2]；長幼順，故上下治[3]；天地明察，神明彰矣[4]！故雖天子，必有尊也，言有父也；必有先也，言有兄也[5]。宗廟致敬，不忘親也；脩身慎行，恐辱先也[6]；宗廟致敬，鬼神著矣[7]。孝悌之至，通於神明，光于四海，無所不通[8]。《詩》云：『自西自東，自南自北，無思不服[9]。』」

註釋

(1) 生我育我者為父母。天地生育萬物，故人類亦可視天地為父母。《書經》說：「惟天地萬物父母，惟人萬物之靈。」《禮記·郊特牲》説：「萬物本乎天，人本乎祖。」孝的基本精神是「報本反始」，因此孝道也可以應用到作為萬物父母的天地。事奉父母必要對父母鑑貌辨色，此原理在事奉天地時亦相同，故此處説：事天如事父，故對天有相當了解。

（2）事地如事母，故對地用心觀察。這裏説的不是觀察天文或地理現象，而是捉摸天地父母好生之德，作出配合，以對天地盡孝道。孔子説：「斷一樹、殺一獸，不以其時，非孝也。」（《禮記·祭義》）

（3）能事父事母，則長幼順；長幼順，故上下關係融洽。

（4）能夠用心觀察天地，就會發現神明的啟示很清楚。

（5）縱使是身為天子，居於至尊的地位，但絕對不可以抱着至高無上、唯我獨尊的心態。反之，仍然要保持謙下的態度，對一些輩分比自己高的人要心存尊敬。

（6）脩身，即修身。意謂：要檢點自己的行為，以防做出有辱先人的事。

（7）在宗廟祭祀的時候要誠心，就好像鬼神真的會出現一樣。

（8）此章認為孝的精誠所至，能通於神明。神明受到感動，會降福保佑。

（9）「無思不服」，猶言「無心不服」，即各地的人心都歸服。

語譯

孔子說：「以前的英明君主事父盡孝，因此他們事天能明白天道；事母盡孝，因此他們事地能明白地理。長幼的關係和順，因此上下太平。明白天地的道理，所以神明降福。故此，雖然是天子，必定仍然要有尊重的對象，這裏說的是他的父輩；必定仍然要有先於他的人，這裏說的是他的兄輩。在宗廟充分表達敬意，就是不忘其親。修身立德，謹慎言行，就是恐防羞辱了先人。在宗廟充分表達敬意，鬼神就會降臨。把孝悌實踐到極致，就能感動神明，照耀四海，無所不通。《詩經》說：『不管是東南西北，四方八面，沒有不拳拳服膺的。』」

解說

「脩身慎行，恐辱先也」一語，可以概括《孝經》的基本精神，孝並不是心裏只有父母，而是表現於自己「修身慎行」的各個方面。於「修身慎行」有所虧欠，就是有辱父母，也就是不孝。

之前各章將孝道應用於對待別人以至於管治國家，顯示了孝道的教化以至政治的面向，本章更進一步呈現孝道的宗教面向。孝道可以用來待人、事君，亦可以用來事天地。

朱熹解釋本章的首兩句，指出事父母之理與事天地之理，其實相通：「『明察』是彰著之義。能事父母，則事天之理自然明；能事母孝，則事地之理自然察。」[16] 其義亦通，可供參考。

思考題

1. 《孝經》說的對天地盡孝，與今人的環保意識，有何相通之處？
2. 中國人相信有感則有應，唯至誠可以感人。不但可以感動父母，亦可以感動天地。反之，惡行亦不會全無反響。對天地父母不孝，天地父母亦會作出回應，你認為這些有感有應的思想，是否屬於迷信？
3. 此章說「雖天子，必有尊也」，道理是甚麼？為何每一個人都要保持謙卑的心態？
4. 《孝經》說：「長幼順，故上下治」，如何才能做到長幼順？長者擁有絕對權威，幼者千依百順，是否即「長幼順」？

---

16 〔宋〕黎靖德（編），《朱子語類》，北京：中華書局，1986，卷八十二，第2143頁。

事君章第十七

章旨

本章申論本着盡孝的宗旨以事君，亦不會凡事順從君主，而是要改正君主的錯誤。此章所論屬於「中於事君」階段。

子曰：「君子之事上也，進思盡忠，退思補過[(1)]，將順其美[(2)]，匡救其惡[(3)]，故上下能相親也[(4)]。《詩》云：『心乎愛矣，遐不謂矣[(5)]！中心藏之，何日忘之[(6)]？』」

註釋

（1）進退，指做事時得失順逆的兩個方面，例如說「進可以攻，退可以守」，「進而兼善，退而自守」。意謂：積極方面盡力做好，消極方面補救過失。君子知進知退，有為有守。

（2） 將，音張（zoeng[1]），助也。意謂：君有美善，則助順而成之。

（3） 匡，音康（hong[1]），改正也。惡，音 ok[3]（讀如邪惡之惡），名詞，指惡行。救，阻止也。全句意謂：君有惡行，則批改以止之。

（4） 不論是輔助為善，抑或補救缺失，都是同心做事，故上下能相親。

（5） 遐，音霞（haa[4]），遠也。全句意謂：心中有真愛，距離遠又算甚麼。

（6） 真愛藏於心中，沒有一日忘記。意謂：君子事上，本於誠心將事情辦好，不論是提供協助或提出批評，都是出於善意。

語譯

孔子說：「君子事君，積極方面，希望盡力將事情辦好；消極方面，希望把曾犯了的錯誤糾正。發揚其美善，匡正其過錯。如此，上下才能相親。《詩經》說：『心裏有真愛，距離遠又算甚麼？埋藏在心裏，哪會有一天忘記？』」

解說

孝的最高層次是「立身行道」，以顯父母之教。所以事君也是要本着立身行道為宗旨，不但不可以阿意曲從、助紂為虐，更要勸善、補過。本章提出對君主要「進思盡忠，退思補過，將順其美，匡救其惡」，是十分精微的義理。一方面要自己盡力將公家的事做好，另一方面要想辦法將做得不好的事情補救；一方面要將君主的優點發揚光大，另一方面又要糾正君主的缺點。如此才算得上是真正的忠孝之士。

思考題

1. 事君時是否應將君主的利益放在第一位？《孝經》所說的事上之道，是否指全力維護在上者的利益？
2. 此章引了《詩經》的一首思念愛人的情詩，到底忠君事上與思念愛人有何關係或相類似之處？
3. 對君主「匡救其惡」，難免令其他人得知君主犯過的錯，如此將君主的過錯傳揚開去，是否真心愛護君主之道？
4. 子思說：「恆稱其君之惡者，可謂忠臣矣。」(《郭店楚簡．魯穆公問子思》) 孟子說：「欲為君，盡君道；欲為臣，盡臣道，二者皆法堯舜而已矣。不以舜之所以事堯事君，不敬其君者也；不以堯之所以治民治民，賊其民者也。」(《孟子．離婁上》) 究竟《孝經》所說的忠君之道，與子思及孟子所論，有何相同或相異之處？

喪親章第十八

章旨

本章指出孝不單只包括敬養父母，甚至在父母死後，為人子女仍可繼續實行孝道。此章所論屬於「始於事親」的範圍。孝始於事親，但事親卻不僅僅限於父母生前。

子曰：「孝子之喪親也，哭不偯[1]、禮無容[2]、言不文[3]，服美不安[4]、聞樂不樂[5]、食旨不甘(6)，此哀感之情也。三日而食[7]，教民無以死傷生[8]，毀不滅性[9]，此聖人之政也[10]；喪不過三年，示民有終也[11]。為之棺椁 、衣衾而舉之[12]；陳其簠簋而哀感之[13]；擗踴哭泣[14]，哀以送之；卜其宅兆而安措之；為之宗廟，以鬼享之；春秋祭祀，以時思之。生事愛敬，死事哀感，生民之本盡矣[15]！死生之義備矣！孝子之事親終矣！」

註釋

（1）偯，音綺（ji[2]），哭泣餘聲。哭不偯，即哭泣沒有尾聲。孝子喪親，哭無常聲，他不在意哭得好聽或不好聽，只是想哭便哭。

（2）喪親之禮，不講容貌。

（3）說話不加修飾。

（4）穿漂亮衣服會不舒服。

（5）「聞樂不樂」，第一個「樂」字，音岳（ngok[6]），指音樂；第二個「樂」字，音落（lok[6]），指快樂。意謂：聽悅耳音樂會不快樂。

（6）篆書的「甘」字，象一個口之形，口內有食物，寓意把食物含於口中，捨不得吞下。故「甘」的意義是感覺得好味道。「旨」是美食，「食旨不甘」，即吃好味的食物卻不感到好吃。

（7）在三日之內，一定要進食。即不可以因為傷心，而餓壞了身體。古禮規定，喪親的時候，不想吃飯可以不吃，但不能連續多餐都不吃飯，三天之內一定要進食，不想吃也得吃。制定此禮的用意是：無過無不及——哀傷要表達，但不可以過分哀傷。

（8）聖人制禮的用意，在教導人民，一方面要表達哀思，一方面要有節制，不可以因為有人死了，而令在生者亦蒙受傷害。

(9) 性，即生的意思。毀不滅性，即不可以因為死去者，而損害仍然在生者。

(10) 聖人之處事方法，好生而哀死，凡事有節制，不以死者害生者。

(11) 規定守喪不可以超過三年，是說任何哀傷都要有結束的時候。所謂三年之喪，實二十五月，即前後跨越三年，故曰「三年之喪」。「三年之喪」的用意是為哀傷期設定上限。

(12) 槨，音郭（gwok[3]），放置死者的是棺，放置棺的是槨。為死者穿上衣，再在外面蓋上被，然後放在棺中，又把棺放在槨中，才開始舉葬。

(13) 簠，音府（fu[2]）。簋，音鬼（gwai[2]）。簠簋都是祭器。此句意謂：為死者陳列祭品，哀傷地作祭祀。

(14) 擗，音闢（pik[1]），指捶胸；踊，音湧（jung[2]），指頓足。兩者都是極度哀傷時不顧儀態的表現。

(15) 在生者可謂盡了他們由衷的心意。

語譯

孔子說：「孝子的父母死了，哭泣沒有尾聲，行禮時不顧儀容，說話不考慮文采，穿美好的衣服會覺得不安樂，聽到音樂會不享受，食好東西會覺得不是味道。這就是他傷心的情況。三日之內一定要進食，不要因為有人去世而令在生者受害，不可以因哀傷而危害性命，這就是聖人的制度。守喪不可以超過三年，目的是告訴人民任何的哀傷都要有完結的一天。要準備棺、椁、衣裳、被褥，將遺體裝斂好。陳設祭品，哀傷地作奠祭。捶胸頓足，痛哭流涕地送葬。占卜選擇墳地安葬。設立宗廟，讓亡靈可以享用祭祀。春秋二祭，以定時思念先人。在生的時候要以愛和敬去事奉，死後要以哀和傷去事奉。如此，在生者盡了自己的本心，事生和事死的應有之義也算是完備了，孝子事親的工作也算是終結了。」

解說

事親不僅是在父母生前要好好事奉，還包括葬之以禮，祭之以禮。葬之以禮就是要表現哀，祭之以禮就是要表現敬。

因父母去世而哀傷也要有節制，《孝經》的主張是「無以死傷生，毀不滅性」。第一要有節制，不能傷心過度。第二要有期限，不能長期哀傷，「喪不過三年，示民有終也。」

此章進一步解釋實踐孝道中「事親」的一個環節，實踐孝道並不限於在父母生前，在父母死後仍然可以盡孝。

思考題

1. 孝子喪親，為何會「哭不偯、禮無容」?
2. 喪親後不停哭泣，多日不食，痛不欲生，是孝還是不孝？
3. 在喪禮上故意捶胸頓足，以表現自己十分哀傷，你認為可取嗎？
4. 孝子之事親，到底有沒有終結之時？是有終還是無終？生養死葬之後，還有所謂事親嗎？還有所謂盡孝嗎？
5. 事親的事生和事死，有分別嗎？
6. 父母在生時供養及事奉他們，是否已經足夠？是否真的有需要在他們死後亦對他們盡孝道？
7. 「毀不滅性」比「同生共死」更可取嗎？為甚麼？
8. 有人認為西方的喪禮比較莊嚴，中國人的喪禮則比較胡鬧，你有何意見？
9. 中國人認為喪禮要盡哀，所謂「死事哀慼」，你認為喪禮是否應該本着這個宗旨？
10. 中國人在喪禮中放聲大哭，甚至捶胸頓足，你認為是否可取？
11. 《孝經》認為哀傷不可壓抑，要表達出來，但又不可過度，而要有所節制。你認為這個原則是否合理？
12. 如果一個人在喪親之後，服美並無不安，聞樂並無不樂，食旨並無不甘，那麼他應該模仿孝子的行為，抑或照常的服美、聞樂、食旨？

《孝經》答問

1. 孝與諸德

為甚麼《孝經》所說的孝的內容會包含自愛、敬人、謙虛、謹慎等等態度或行為？

《說文解字》說「孝」是「善事父母者。从老省，从子，子承老也。」《說文解字》將「孝」定義為「善事父母」，並且解釋「孝」是由「老」與「子」兩部分組成的會意字，取意為「子承老也」，這就是把供養及事奉父母視為孝的內容。

然而，《孝經》所說的「孝」的內容，遠遠超過事奉父母，可以說是包含全面的做人道理。例如：(一) 孝包括自愛，〈開宗明義章第一〉說：「身體髮膚，受之父母，不敢毀傷，孝之始也。」(二) 孝包括愛人、敬人，〈天子章第二〉說：「愛親者，不敢惡於人；敬親者，不敢慢於人。」(三) 孝包括謙虛，〈諸侯章第三〉說：「在上不驕，高而不危；制節謹度，滿而不溢。」(四) 孝包括慎言慎行，〈卿大夫章第四〉說：「非先王之法服不敢服，非先王之法言不敢道，非先王之德行不敢行。是故非法不言，非道不行。」

為甚麼孝竟然包括如此豐富的內容？這是因為《孝經》所說的孝，並非心目中只有父母，並非只以供養或事奉父母為孝的內容。事奉父母，只是孝的最初級內容。要盡孝就要做父母的好子女，也就是做一個能夠光大父母之德的好人，也就是《孝經》所說的「立身」。由於孝的終極階段是「立身」，所以立身的所有必備的德目都成為孝的內容。由於這個緣故，《孝經》所說的「孝」有十分豐富的內容。正如孫中山先生所說：「講到孝字，我們中國尤為特長，尤其比各國進步得多。《孝經》所講的孝字，幾乎無所不包，無所不至。現在世界中最文明的國家，講到孝字，還沒有像中國講到這麼完全。」[17]

由於《孝經》對「孝」作出了精闢的詮釋，所謂「孝悌也者，其為仁之本與」(《論語．學而》)，「夫孝，德之本也」(《孝經．開宗明義章第一》)，等等說法，才有了堅實的根據。[18]

---

17 孫中山，《三民主義》，「民族主義」，第六講。《孫中山全集》，北京：中華書局，2011，第九卷，第 244 頁。

18 《管子．戒第二十六》亦有「孝弟者，仁之祖也」的說法。所謂「祖」，也就是「本」的意思。(姜濤，《管子新注》，濟南：齊魯書社，2006，第 218 頁。)

2. 孝與政治

《孝經》是否將「孝」政治化？是否將作為一種家庭倫理觀念的孝道，歪曲為一個為政治服務的要求？是否將孝道變成為管治人民的工具？

有不少學者對於《孝經》所說的「孝」持有批判的態度，例如徐復觀先生（1904-1982）認為《孝經》所說的「孝」是「政治化」了的「孝」，「被專制壓歪」，「麻痺士人，助長專制」。[19]

《孝經》所說的孝，確實不局限於家庭之內，甚至可以應用到政治領域，但這與「提倡孝道以達到政治目的」或「將孝道利用為達致政治目的之工具」並不可混為一談。

《孝經》確實有將孝應用來事長事上的說法。[20] 因為孝子就是一個努力做好自己的本分、不敢辜負父母的教導的人，所以孝子事長或事上，都會按自己的崗位做好自己的本分。《孝經．士章第五》說：「以孝事君則忠，以敬事長則順。」《孝經．廣揚名章第十四》說：「君子之事親孝，故忠可移於君；事兄悌，故順可移於長；居家理，故治可移於官。」這些說法都是後世「移孝作忠」一說的由來。

---

19 徐復觀，〈中國孝道思想的形成、演變，及其在歷史中的諸問題〉，徐復觀，《中國思想史論集》，台北：學生書局，1975，第 176、179 頁。

20 此說不僅見於《孝經》，《大學》亦說：「孝者，所以事君也；弟者，所以事長也。」

然而，值得注意的是：這裏說的絕不是用「忠」來取代「孝」的位置，把「忠」看得比「孝」更重要，更不是說要事君如事父，將事父的一套準則拿來事君。

在《孝經》看來，孝是至德，是要道。孝可以統攝忠，但忠並不可以統攝孝。盡忠也可是盡孝的表現，但其本源是孝，而作為本源及有高度涵蓋性的孝有無可取代的地位。其次，儒家將事君與事父的分別區分得很清楚。君與父都不是絕對的權威，但父子是比君臣更基本和堅固的關係。君臣關係可以選擇亦可以割斷，父子關係卻是終身而不容拋棄的。君臣關係以義立，君不能行義則可離開；父子關係建基於人性和親情，不是一切皆以義為最高指導原則。《大戴禮記．本命篇》說「門內之治，恩掩義；門外之治，義斷恩。」也就是說，君臣關係之中，義比恩重要；但在父子關係之中，卻是恩比義重要。《郭店楚簡．六德》更說：「為父絕君，不為君絕父。」[21] 總而言之，在儒家思想中，君臣與父子的關係並不相類，事父和事君有不同的原則，既不是把「忠」看得比「孝」更重要，亦不是提倡將事父的一套準則拿來事君。

《孝經》說的是孝的道理可以推廣來對待社會上的各個人，包括在上位者，左鄰右里，以至鰥寡孤獨。《孝經》並

---

21 李零，《郭店楚簡校讀記》，北京：中國人民大學出版社，2007，第 171 頁。按，《郭店楚簡．六德》一篇中，亦有「門內之治恩掩義，門外之治義斬恩」之句。

沒有要求對君主或其他有權有勢者奉獻更多，反而對君主及其他有權有勢的人，有着比一般人高出很多的要求。天子以愛萬民為孝，諸侯以謙下節制為孝，卿大夫以謹慎守規章為孝，士以本忠順之心辦事為孝，庶人則以勤力節儉以養父母為孝。簡言之，不是權位越高，利益越大，而是權位越高，責任越大。所謂「孝治」並不是要人民孝順君主，剛好相反，是要君主以孝道來好好對待人民。所謂「以孝治天下」，其實就是「順治」，即「順民」(語見《孝經．廣至德章第十三》，指的是君主順從人民，而不是順從君主的人民)，也就是「順人性而治」或「順民情而治」。《孝經》說的「以孝治天下」是這樣的：「昔者明王以孝治天下也，不敢遺小國之臣，而況於公、侯、伯、子、男乎？…… 治國者不敢侮於鰥寡，而況於士民乎？故得百姓之權心，以事其先君。…… 是以天下和平，災害不生，禍亂不作。故明王之以孝治天下也如此。」(《孝經．孝治章第八》)

《孝經》並不是將孝政治化。反過來說更合事實，也就是說：《孝經》通過孝將政治倫理化。是政治為倫理服務，而不是倫理為政治服務。[22]

---

22 孔子說：「政者，正也。」(《論語．顏淵》)就是說，政治要以正當性為依歸。反過來說(「正者，政也」)就不對了，因為這等於說正當性要以政治為依歸，而不是以倫理規範政治。孔子說的是以倫理規範政治，並不是以政治規範倫理。

3. 孝與偏私

孝是否源於人的私心？強調孝是否妨礙人突破家族倫理的局限？孝與對人類普遍的仁愛是否有矛盾？

《孝經》提出的一套道德觀念，是以人性人情為本，但又要求人們推而廣之，擴而充之。所以既不可以說是無私，也不可以說是自私。既對人們有相當要求，但又不唱高調。只可以說是合情合理。[23]

《孝經》首先認定，對父母的孝，是人性中光輝的一面。「父子之道，天性也，君臣之義也。」(〈聖治章第九〉) 既合乎天性之自然，又合乎道德之應然。這是人類道德最堅實的基礎，離開人性人情去談道德理想，只是無根之談，可能可以激勵一二高標絕俗之士，但難以得到大部分人的普遍奉行。

對人類普遍的仁愛，並不與孝對立。孝是本，仁愛是發展後的結果。《論語》說：「君子務本，本立而道生。孝悌也者，其為仁之本與！」(《論語．學而》)

---

23 關於儒家以人性人情為本的主張，可以參看Yu Kam Por and Julia Tao, "Confucianism", in Ruth Chadwick (ed.), *Encyclopedia of Applied Ethics* (Second Edition, 4 vol. set), San Diego: Academic Press, 2012, Vol.1, pp. 578-586.

中國人的民間智慧認為，對父母好的人不一定對其他人亦好，但對自己的父母不好的人斷不會真心對任何人好。孝是人類道德心的起點，既不可以拋開此起點，亦不可以只停留於起點。孟子說：「於不可已而已者，無所不已；於所厚者薄，無所不薄也。」(《孟子．盡心上》) 父母是自小與自己最親近的人，對父母會有自然而然的愛敬，是孟子所說的「厚者」、「不可已者」，如果對自己父母也不好，對其他非親非故、無恩無交的人，又豈會以真心相待？如果父母亦可以犧牲、利用，則世上沒有人不可以被犧牲、利用。因此，斷絕親情並不會造成博愛公義，只會造成對一切人都無情無義。

孔子說：「道二：仁與不仁而已。」(《孟子．離婁上》引文) 做人的道路只有兩條，就是仁之道，與不仁之道。道不同，不相為謀。同是仁之道，就是同道。何謂「仁之道」？孟子解釋說：「仁者，以其所愛及其所不愛；不仁者，以其所不愛及其所愛。」(《孟子．盡心下》) 仁道，就是推己及人之道，始於愛自己及愛自己的至親，推而愛其他人，以至天下的所有人——此是為仁成德之道。不仁者，先界定了有些人是其所不愛，對這些不愛的人可肆意傷害，最後為了自保，甚至不惜傷害自己原來所愛之人。此是為惡不仁之道。所愛之人的範圍日漸縮少，最後只愛自己，甚至自己亦討厭自己。

《孝經》所說的孝道，其實就是仁道，先愛自己之所愛，再推廣而愛其他人。「夫孝，始於事親」（〈開宗明義章第一〉），「不愛其親，而愛他人者，謂之悖德；不敬其親，而敬他人者，謂之悖禮。」（〈聖治章第九〉），而「明王以孝治天下」，則「不敢遺小國之臣 …… 不敢侮於鰥寡 …… 不敢失於臣妾」，要「得人之懽心，以事其親」（〈孝治章第八〉）。實行《孝經》所說的孝道，也就是實行仁道。

難怪孟子說：「堯舜之道，孝悌而已矣。」（《孟子．告子下》）

4. 德之本與德之至

《孝經》說：「夫孝，德之本也」(第一章) 又說：「聖人之德，無以加於孝」，「人之行，莫大於孝」(第九章)，到底孝是「德之本」還是「至高無上之德」，是德之起點還是終點？前後所言是否有矛盾？

《孝經》很清楚說到孝是「德之本」。第一章就說「夫孝，德之本也，教之所由生也」。 然而，《孝經》亦同樣很清楚說到孝是「至德」，例如第一章開首即說孝是「至德要道」，在第九章又說「聖人之德，無以加於孝」，「人之行，莫大於孝」。也就是說，孝是「德之至」，亦即「德之極至」。

孝可以既是「德之本」又是「德之至」嗎？德之本是德之基礎或起點，德之至是德之極至或最高階段。起點既是孝，終點可以又是孝嗎？說孝是德之起點比較容易明白，孝合乎人性人情，是人性中較原始的德性，以後再向外推廣開去，成就較高層次的德行。如此說來，推廣及發展了之後的德不是已超出了孝的範圍了嗎？要解決這個問題，我們要先明白，《孝經》所說的「孝」有大孝與小孝之分，《孝經》第一章已經說得很清楚：「夫孝，始於事親，中於事君，終於立身。」事親是孝之始，屬小孝；立身是孝之終，屬大孝。所謂「聖人之德，無以加於孝」，「人之行，莫大於孝」，指的不是莫大於作為「小孝」的「事親」，而是莫大於作為「大孝」的「立身」。

孝有小大，德亦有本末。小孝是德之本，大孝即德之至。小孝與大孝都是孝的一部分，德之本與德之至都是德的一部分，因此孝與德可以一一對應。孝與德之關係可見於下圖，可稱為「孝德一理圖」。

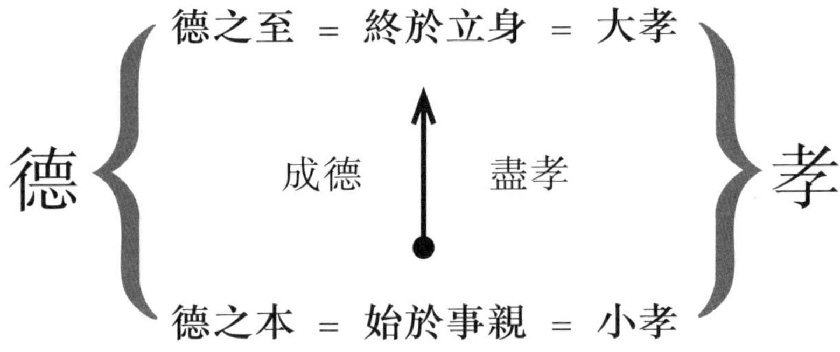

由小孝至大孝是盡孝的過程，也就是由小德邁向大德的成德的過程。盡孝與成德，其實是一體的兩面，也就是立身行道。可以說，《孝經》所說的孝，不單不會與修身立德有矛盾，孝與德已經被融為一體。

孝並不是僅以父母為事奉對象，這只屬於小孝的範圍。若要在小孝的基礎上發展為大孝，就要「以其所愛及其所不愛」[24]，從愛父母愛親人推廣為事君愛民，也就是《孝經》所說的「愛親者不敢惡於人，敬親者不敢慢於人，愛敬盡於事親，而德教加於百姓，刑于四海。」（《孝經．天子章第二》）成德的過程，也就是從小孝發展為大孝的過程。

既然德包括德之本與德之至，德之本是小孝，德之至是大孝，自然可以說德之本與德之至都是孝。

---

24 此語出自《孟子》：「仁者，以其所愛及其所不愛；不仁者，以其所不愛及其所愛。」（《孟子．盡心下》）

5. 孝的三個層次

《孝經》說孝有三個層次，事親只是其中的一個層次，並且是初級層次，到底這是《孝經》的一家之言還是儒家的通義？

孝有三個層次，是儒家的通義，見於多部儒家經典，包括《大戴禮記》、《禮記》與《孟子》。

《大戴禮記．曾子大孝》說：「孝有三：大孝尊親，其次不辱，其下能養。」[25] 清楚指出孝有三個層次：一、下孝是能養，即供養父母；二、中孝是不辱，即不會做出令父母蒙羞的事；三、大孝是尊親，即做出世人欽敬、令父母感到光榮的事。

曾子甚至認為，嚴格來說，下孝不算是孝，只算是養。「烹熟鮮香，嘗而進之，非孝也，養也。」[26] 如此說來，真正的孝只包括兩個部分，就是不辱和尊親。這兩個部分構成一個核心概念，就是做一個堂堂正正不負父母教育之

25 《大戴禮記》收入曾子著作十篇，其中〈曾子大孝〉一篇，大部分收入於《禮記．祭義》一文之內。

26 《大戴禮記．曾子大孝》，王聘珍，《大戴禮記解詁》，北京：中華書局，1983，第 83 頁。

人，積極方面要做好事，消極方面最少要不做壞事。

由於中孝是不做出令父母蒙羞的醜事，所以在德行上的各方面欠缺都是不孝。曾子說：「居處不莊，非孝也；事君不忠，非孝也；莅官不敬，非孝也；朋友不信，非孝也；戰陳（陣）無勇，非孝也。」[27] 照曾子說，事君不忠是不孝，做官失職是不孝，對朋友沒有誠信是不孝，戰陣時不奮勇作戰也是不孝。我曾衍演曾子之義對同學說：「讀書不勤，非孝也；半途而廢，非孝也；考試作弊，非孝也。」總之應做的沒有做，不應做的卻做了，都是不孝。曾子又說：「父母既歿，慎行其身，不遺父母惡名，可謂能終矣。」也是以不令父母蒙羞為孝，這裏說的是中孝。

孝的高級層次，就是做出光大門楣的高尚行為。曾子說：「君子之所謂孝者，國人皆稱願焉，曰『幸哉！有子如此！』所謂孝也。」

《禮記・祭義》也說到孝有三個層次，用語雖有不同，但義理基本相通：「孝有三，小孝用力，中孝用勞，大孝不匱。思慈愛忘勞，可謂用力矣；尊仁安義，可謂用勞矣；博施備物，可謂不匱矣。」小孝用力，指的是用力養親，所謂思慈愛，就是念父母之愛而盡力報答，可見小孝是以父母本身的福祉為對象。中孝用勞，其對象並不是父母本身

27 《大戴禮記・曾子大孝》，以下所引曾子語皆出於此篇。

的福祉，而是尊仁安義，即對於仁與義有相當的重視，最少亦不會做出違背仁義，有辱父母教導。大孝不匱，指的是比尊仁安義更高的層次，做到「博施備物」，不僅是循規蹈矩，更是大仁大義，「博施於民而能濟眾」。能如此，即家出偉人，也就是家出孝子，正是儒家所謂的大孝。

孟子論孝，也以是守身為本。違背修身立德的宗旨，去事奉父母，並不合乎孟子所說的孝道。孟子說：「事，孰為大？事親為大。守，孰為大？守身為大。不失其身而能事其親者，吾聞之矣；失其身而能事其親者，吾未之聞也。」（《孟子．離婁上》）

孟子又說過：「不孝有三，無後為大。」（《孟子．離婁上》）這是一般人都耳熟能詳的，其實亦可以用孝的三個層次來作進一步解釋。趙岐的《孟子注》是這樣解釋的：「阿意曲從，陷親不義，一不孝也；家貧親老，不為祿仕，二不孝也；不娶無子，絕先祖祀，三不孝也。」值得注意的是：這三不孝並不是世俗一般人所說的不孝，而是特別針對讀書人而提出來的。

家貧親老，卻堅持不肯為了俸祿而出仕，雖然心懷高潔，但違反小孝，因為不能用力盡孝，結果無祿以養親。阿意曲從，父母有過錯而不能勸阻，雖然對父母心懷恭順，但不能用心思盡孝，結果讓父母陷於不義而有辱雙親。不娶無子，雖然在父母在生時敬奉無缺，但卻違反大孝：因為不能博施備物，做到無匱以尊親。

孟子雖然沒有明言孝有三個層次，但已很清楚指出供養父母只是孝的初級階段，孝的較高級階段與個人的進德成才有密切的關係。

6. 孝與諍諫父母

《孝經》說：「當不義，則子不可以不爭於父。」(《孝經·諫爭章》) 但孔子在《論語》中卻說：「事父母幾諫。見志不從，又敬不違，勞而不怨。」(《論語·里仁》) 到底兩處所言是否有矛盾？

對父母不可盲從，當父母做不義的事情的時候要勸阻，這個道理是十分清楚的。但所謂勸阻是否包括犯顏直諫？父母屢勸不聽時又應怎麼辦？

《禮記·內則》說：「父母有過，下氣怡色柔聲以諫。諫若不入，起敬起孝，説〔悅〕則復諫。」父母有過錯，勸諫他們的用意是甚麼？並不是要趁機向他們報復或發洩個人情緒，也不是要證明自己正義或但求心安理得，而是真心希望他們改過。既是真心希望他們改過，就要運用有效達到這個目的之辦法。究竟厲言暴色，抑或和顏悅色，更能夠令到他們接受勸諫？答案是不言而喻的。所以《禮記·內則》說：當父母有過時，要平心靜氣，和顏悅色，聲音低柔地向父母勸諫，這樣才會令勸諫的說話容易被他們接受。如果他們仍然不接受，更要對他們「起敬起孝」，即加倍地恭敬及對他們致孝，再等候機會，「悅則復諫」，當他們心情好的時候再勸諫他們。

用以上的辦法勸諫父母，應該有一定的把握。但如果父母仍然不接受，可以怎麼辦？勸諫國君是否也應按同樣的辦法？然則向國君直言勸諫、直指其非是否屬於不對？勸諫父母和勸諫國君的基本原則是否一樣？

關於以上的問題，《禮記．曲禮》說得很清楚：「為人臣之禮，不顯諫，三諫而不聽，則逃之。子之事親也，三諫而不聽，則號泣而隨之。」人臣向人君勸諫，也是以人君接受勸諫為目的，所以盡量採用人君能夠接受的方式，盡量避免在大庭廣眾之中對他們直斥其非。然而，在三次力勸之後如果仍然不獲接納，人臣應該辭官，因為為官的目的是得君行道，如果不能得君行道應該離開，否則縱使不是助紂為虐，也是貪戀權位，而辭官這個行為本身，亦是對國君盡了最後的勸諫責任。

父子的關係，卻是無所逃於天地之間，君主可以離棄，但對父母只能不離不棄。縱使是「三諫而不聽」，子女與父母之間的親情與恩義仍是不可斷絕的。要真心令父母改過，儒家還提出最後一式的絕招——「號泣而隨之」，即跟在父母身後，痛哭求他們改過，以真誠及愛心去感動他們。縱使父母不善或固執，但親情及天良仍在，很難抗拒這個絕招的威力。

總括而言，《孝經》說的是「不可以不諫」，《論語》說的是「幾諫」，即伺機婉轉勸諫，兩處所言並無矛盾，正好互相補充。

7. 忠孝能否兩全？

忠孝會衝突嗎？忠孝不能兩全時怎麼辦？

如果忠指維護君主的利益，孝指維護父母的利益，那麼忠與孝當然可能會有衝突，因為君主的利益與父母的利益可能會有衝突。

然而，如果孝指的是做父母的好子女，忠指的是盡力為公家辦事，那麼忠孝並無矛盾，甚至是相輔相成的。

《孝經》說的孝是「始於事親，中於事君，終於立身」，以「立身行道」為最高標準（見〈開宗明義章第一〉）。曾子更加明言：「居處不莊，非孝也；事君不忠，非孝也；莅官不敬，非孝也；朋友不信，非孝也；戰陣無勇，非孝也。」（《禮記．祭義》）這個孝的觀念有高度的涵蓋性，並不與其他重要的人類價值相衝突。

何謂「忠」也是一個問題。如果「忠」指的是一面倒向君主，不問是非地順從君主或為君主效力，那麼「忠」不單會與「孝」矛盾，更會與仁義道德矛盾，與中國人最重視的仁義禮智信都會有矛盾。

孟子說得好：「規矩，方圓之至也。聖人，人倫之至也。欲為君，盡君道；欲為臣，盡臣道，二者皆法堯舜而已矣。不以舜之所以事堯事君，不敬其君者也；不以堯之所以治民治民，賊其民者也。」(《孟子．離婁上》) 為君要盡君道，為臣要盡臣道，盡君道就是要以堯舜之道治民，盡臣道就是要令國君成為堯舜。順從及幫助國君做壞事的叫做「助紂為虐」，這樣做的人不叫做「忠臣」而叫做「讒臣」或「奸臣」。

如果秦檜真心幫助宋高宗，阻止岳飛直搗黃龍，以免北伐成功迎回被金人擄去的二帝，致令宋高宗帝位不保，他可算是忠臣嗎？

文徵明 (1470-1559)〈滿江紅〉一詞中深刻地分析了秦檜為何構陷岳飛：「豈不惜，中原蹙？豈不念，徽欽辱？但徽欽既返，此身何屬？千古休談南渡錯，當時只怕中原復。笑區區一檜亦何能？逢其欲！」司徒華先生解釋：「文徵明在這詞指出，風波獄的主謀是宋高宗趙構，秦檜只不過是幫兇而已。趙根本就不想『直搗黃龍』。打敗了金人，迎回徽欽二宗，他就再做不成皇帝了。把詞最後一句，譯為語體是：可笑那小小的一個秦檜，怎麼會有這麼大的能耐，他只不過是迎合了趙構的私欲罷了！略知歷史底蘊者，都會認同文的看法。」[28]

然則秦檜是否忠臣？中國文化給予的答案是絕對清晰的：岳飛是忠義的化身，而秦檜則是千古奸臣的代表。「忠」

28 司徒華，《捨命陪君子》，香港：次文化出版社，1998，第 77-78 頁。

與「孝」是否有矛盾，視乎我們說的究竟是秦檜那一種「忠」還是岳飛那一種「忠」。[29]

再看另一個個案。孔子弟子閔子騫在服父喪的時候，魯國國君徵召閔子騫領軍出戰，閔子騫應該怎樣做？按照喪禮，他應該守喪，不應該在守喪期間擔任公務。然而，國家在這個時候需要他效力，國君亦有此要求。在此情況下，忠與孝是否兩個矛盾的要求？何者更為重要？閔子騫的對應如下：他接受魯國國君指派的任務，但他並沒有完全拋開守喪的禮制。他穿上金革戰衣，卻在腰間繫上孝帶，履行其軍事職務。在任務完成後，國君認為閔子騫立了大功，並問閔子騫有何願望。閔子騫說出願望，就是馬上辭官，放下一切功名權力，回家繼續守喪。

《春秋公羊傳》如此評論此事：「古者臣有大喪，則君三年不呼其門。已練，可以弁冕，服金革之事。君使之，非也；臣行之，禮也。閔子要絰而服事，既而曰：『若此乎！古之道不即人心。』退而致仕。孔子蓋善之也。」[30]

---

29 對於現在提倡忠君愛國及抨擊異見分子的人，我們可以提出以下問題：(一)幫助國君保持權勢而不惜屠殺人民的人是忠臣還是奸臣?(二)大膽批評國君、不留情面將國君的罪行公之於世、迫使其改過的是忠臣還是奸臣？在中國文化中，這兩個問題的答案是不言而喻的。

30 見於《春秋公羊傳》宣公三年。劉尚慈譯注，《春秋公羊傳譯注》，北京：中華書局，2010，下冊，第332-333頁。

值得注意的是：閔子騫並不是在事親與事君兩者之中選擇其一，而是追求在最大程度上同時兼顧兩方面的責任。其行事原則與《孝經》所說的「始於事親，中於事君，終於立身」，完全一致。

日本儒者菅原文時（899-981）聽講《孝經》後，以一首詩表達自己的感受：「一千八百有餘文，名是《孝經》忠不分。聽盡為臣為子道，秋風吹拂意中雲。」[31] 翻譯為白話是：「全本經書包含一千八百多字，書名是《孝經》卻包括忠的道理，現在我全面地聽到了為臣和為子之道，我腦中的煙霧像被秋風吹散了一樣。」他曾經為忠孝二元對立的思想所困惑，但在聽講《孝經》之後，明白到《孝經》所說的孝其實包括了忠的道理。困惑一掃而空，讀書之樂，莫過於此！

---

31 紀齊明，《扶桑集》，卷七。參看日本「先賢故實」網頁：http://miko.org/~uraki/kuon/furu/chara/senken/kojitu05.htm。

附錄

《孝經》的時代意義

《孝經》是一部篇幅短小而義理精湛的中國古籍，又是儒家最基本的經典之一。出於對中國文化的了解，我們有理由一讀。但作為一個現代人，在這個時代讀這一本書，又有何實質的意義？

其實，不論社會如何發展，現代人仍要面對一些關於人生方向的問題，例如：(一) 如何一方面教人不要自私自利，另一方面又要不為假仁假義所蒙蔽或利用？(二) 如何能兼顧傳統文化的價值及現代價值以至普世價值？(三) 如何建立一套既合情理又切實可行的價值觀及人生觀？(四) 如何平衡家庭教育、公民教育以至愛國教育、博愛教育？對以上的問題，《孝經》都提出了十分值得參考的答案。

《孝經》講的一套價值觀，是以個人自己為本，建基於人性人情，再推廣開去，其存心在於個人的立身立德，其實行在於由近及遠地去愛親愛人，既是一套家庭教育，亦是一套公民教育。

《孝經》教人要修身立德、善事父母、博愛人類，做事要合乎人性人情，既要謙虛謹慎，又要勇於承擔，還要制止不善，弘揚人道。但以上所說的並不是多個互不相干的教條，而是一套自成體系的思想的有機組成部分。

貫通人我：從自愛、愛親到愛人

《孝經》的一個最大特色是把個人的潔身自愛，與對父母的孝，以至在社會上待人處事時應有的仁與義，用同一套理論貫通起來。這套看法並不把愛親與愛人對立起來，而是把愛親視為愛人的基礎，是人類道德（在認知、情感、行為上）最原始及最真實的呈現。也就是說，愛親並不與博愛矛盾，更是博愛的源頭。孔子所謂「立愛自親始」（《禮記．祭義》），《論語》所謂「孝弟也者其為仁之本與」（1.2）。所謂致善，必先確定這個善的源頭，並推而廣之。要人們博愛，並不需要否定他們對親人的愛。所謂道德，是人所能行的道、人所能持的德，因此真正的道德必然合乎人性人情。這正是孔子所說的「道不遠人，人之為道而遠人，不可以為道」（《禮記．中庸》）。近世所謂「不愛爸爸，不愛媽媽，只愛國家」，「專門利人，毫不利己」，是脫離人性的無本之論。脫離人性的道德必然是虛偽的道德、行不通的道德、欺騙人的道德。

《孝經》所說的道理，貫通人我，而不是人我對立。開宗明義即說「夫孝，德之本也，教之所由生也」（第 1 章）。孝不僅是事奉父母，更要符合父母的合理期望，就是做一個好人。如此既是不辜負父母的教養，亦是回報他們的一種方式，既是成就自己的美德，亦是對別人做一個盡責任的人。《孝經》説的孝，不單只不會與廣義的道德矛盾，更是通向廣義道德的階梯，孝的最高層次更與廣義道德完全一致。孝是「始於事親」，「終於立身」(第 1 章)。孝的最高階段，就是個人的修身立德。

試比較以下兩種看法：一種是將愛親與愛人，視為兩條不同的道路，互相排斥，只能二擇其一；另一種看法將愛親與愛人，視為同一實體的不同部分，愛親為本，愛人為末。哪一種看法更為合理？連自小與自己有親情的人也不去愛，會真心的愛不認識的陌生人嗎？勉強為之也難以有行動力及持久力。必是先愛自己的親人，再想到其他人也有父母，他們的父母對他們也猶如我之父母對我，此即「推己及人」的道理。愛親是人類道德實踐的第一步，更廣泛地愛人，即《孝經》所説的「博愛」(第 2 章)，是在孝的基礎上建立的，而不是通過否定孝達成的。正正由於對父母有孝，才會想到虧待他人會為父母招惹麻煩，善待他人會令父母感到光榮。《孝經》説：「愛親者，不敢惡於人；敬親者，不敢慢於人。」(第 2 章) 又説：「得人之懽心，以事其親。」(第 8 章) 都是將愛親與愛人視為相輔相成而不是對立矛盾。其原因在於《孝經》並不把「孝」理解為為父母謀個人的利益，而是把「孝」理解為做父母的好子女。這是從「德」而不是「利」的考慮立論。以德為利，則自愛、愛親，與愛人並無矛盾，都是個人修身立德的分內事。

恰如其分：切合本分的道德要求

《孝經》並不唱高調，所說的都是平實可行的道理。在事親方面，先要照顧好自己，不要令父母擔心。所謂「身體髮膚，受之父母，不敢毀傷，孝之始也。」(第 1 章) 縱使未能為善，亦先要不為惡。「在上不驕，高而不危；制節謹度，滿而不溢」(第 3 章)。做到「言無口過，行無怨惡」(第 4 章)。

待人以德，不外是愛與敬。愛的重點是關心，敬的重點是尊重。《孝經》認為對父母都要有愛和敬，但兩者的比重可以略有不同。對母親的愛可能多一點，對父親的敬可能多一點，但都是要同時有愛和敬。(第 5 章) 也就是說，對父母不能只是供養，更要有愛和敬。所謂「生事愛敬，死事哀戚。」(第 18 章)

儒家的倫理觀有一個特色，就是行為要切合身份。各人都有自己的本分，但不必人人相同。例如是「父慈子孝，兄友弟恭」。《孝經》對處於不同崗位的人有不同要求，大方向是對平民的要求低，對從政者的要求高。對平民的要求只是努力工作，謹慎理財，照顧父母 (第 6 章)。但執政者卻不可以只孝敬自己的父母，而是要實行博愛，才可以算是履行孝道。《孝經》說：「先王見教之可以化民也，是故先之以博愛，而民莫遺其親。」(第 7 章) 執政者要作眾人的表率，率先實行博愛。履行孝道並不是要損天下以利父母，而是要成為一個有品德的人。怎樣才算是一個有品德的人？這就要看各人在甚麼位置，承擔了甚麼責任。各人盡了自己的責任，恰如其分，就是孝。

為甚麼除了自己的父母，還要考慮到其他人？這是因為人就是價值的根源，各人都是人，所以所有人都有價值。《孝經》說：「天地之性，人為貴。」（第 9 章）不能只以自己及自己的父母為貴。然而，人的價值又在哪裏？是不是只要是人，他的一切所作所為都有價值呢？這又涉及另外一個相關的觀念，就是人性。儒家認為人性就是價值的根源，合乎人性人情的基本上都是好的，只需要稍為調整或節制即可。這就是《中庸》所說的「率性之謂道，修道之謂教」。順着人性而行，就是所謂「道」或「人之道」，對這個順性之道作出一些調整，就是對人的教化。所以教化必是順性而施，而不可逆性而行。《孝經》說：「父子之道，天性也，君臣之義也。」（第 9 章）為甚麼把父子之道放在人之道的核心位置呢？因為在人的道德感情中，子女對父母的道德實踐有堅實的人性基礎。人的親情既順乎人性，又合乎人的道德要求。

柔道政治：《孝經》的管治哲學

合乎人性既是如此重要，又引申出《孝經》另外一個核心概念，就是「順治」，意思是要順人性而施教及為政。由此而引申出的管治是一套柔道管治，而不是嚴管高壓。將《孝經》的道理應用在管治上，是「其教不肅而成，其政不嚴而治」(第 7 章)。順治之所以能收效，是因為「所因者本也」，其所本者即人性。對其他人的愛和敬，是順着小孩對父母的愛和敬而發展出來的。 有本有源，推己以及人，就是順性。捨本而求末，就需要借助外力而對人施以壓迫或強制。《孝經》所謂「聖人因嚴以教敬，因親以教愛。聖人之教，不肅而成，其政不嚴而治，其所因者本也。」(第 9 章)

《孝經》是以合人性為貴，而不是以難得為貴。(第 9 章) 愛其親以及他人之親，固然沒有問題，但不愛其親而愛他人之親，雖然難能，卻不可貴，因為違背人性，不但不是美德，更是大逆不道的惡行。人的行為，不貴難得，而貴順性安心，所以衡量言行是否恰當，要做到「言思可道，行思可樂」(第 9 章)。要知道一件事是否應做，要考慮被人知道後會否覺得羞愧，自己做了之後又會不會內心不安。義所應為與心所樂為，在這套理論中得到統一。

人間有情：以真實情感為基礎的道德教育

《孝經》強調真實情感的重要性。要以生活中的真實情感為基礎的教導，才可以有深入內心的效應，讓人心悅誠服，由衷實行。教人對別人要有愛和敬，是源於子女在父母的養育下成長，會自然對父母產生愛和敬的道德情感，「親生之膝下，以養其父母日嚴。聖人因嚴以教敬，因親以教愛。」(第 9 章) 要對這一點發自真心的道德情感好好栽培，才能發展為廣泛的愛與敬。孔子以愛情來比喻這種發自內心的動力，並不會輕易熄滅。正所謂「心乎愛矣，遐不謂矣！中心藏之，何日忘之?」(第 9 章)

儒家所說的禮亦是要以人的真實情感為本，「因人情而制禮」，其作用不是壓抑情感，而是令情感得到適當的表達。合理的行為規範，應是切合人的正常真實感情。守喪時穿華服、吃美食不合於禮，原因是不合哀悼親人時的哀慼之情，「服美不安、聞樂不樂、食旨不甘，此哀慼之情也。」(第 18 章) 然而，縱使是真實情感亦要有所節制。「三日而食，教民無以死傷生，毀不滅性，此聖人之政也；喪不過三年，示民有終也。」(第 18 章) 禮既以情為本，又可反過來節制情，令其無過無不及。此亦即情與禮相反相成的道理。

孝為德本：孝道與公民教育的關係

《孝經》講的其實是一套做人道理。此套做人道理的最基本部分是以孝道事父母。這一部分亦有豐富的內容。上面已經提到，事奉父母先要不令其擔憂，縱使未能回報亦不要為他們添煩添亂，對父母回報之餘要有愛意和敬意。事奉父母不單要滿足他們的物質需要，更要令他們有幸福感與光榮感。「居則致其敬，養則致其樂，病則致其憂，喪則致其哀，祭則致其嚴。」(第 10 章) 如果為人子女者不能修身立德，在上位不能服眾，在下位不能安分守己，在群眾中不能和平共處，「雖日用三牲之養，猶為不孝也。」(第 10 章)

值得注意的是，對父母盡孝並非只在父母生前的事奉，在父母死後仍可奉行孝道，指的是心中仍有父母，仍不敢辜負他們的教誨，仍以對他們的孝心推動自己修身立德之心。全面的孝不僅是生養死葬，更包括五種人與人交往時的不同情感維度，即敬樂憂哀嚴，五種不同的情感。

孝指的不是只為父母謀利益，更不是順從父母，而是成為父母的好子女。所謂好子女是指為人子女者要成為好人。因此，做壞事而令父母享福是不孝，聽從父母去做壞事亦是不孝。基於這個想法，《孝經》認為「當不義則爭之。從父之令，又焉得為孝乎？」(第 15 章) 應該是「進思盡忠，退思補過，將順其美，匡救其惡。」(第 17 章) 不讓父親陷於不義，才是孝。

孝道的精神不僅可以應用於家庭，更可以應用於社會。說的並不是把君主當成父母那樣對待，而是孝道教育亦是公民教育。孝道既指為人子女者必須修身立德，則行孝道者必亦是好公民。《孝經》說：「教民親愛，莫善於孝。」

照這樣說，孝道教育根本就是一種公民教育。先學會對父母愛敬，才能在實行上學會廣泛的愛人和敬人，以愛和敬對待其他人。而愛人及敬人，又表現為愛人之所愛，敬人之所敬。「教以孝，所以敬天下之為人父者也」(第 13 章)；「所敬者寡，而悅者眾，此之謂要道也。」(第 12 章) 對同學的父母的敬愛，也就是對同學的敬愛的一種表現；對別人家中的小孩展現愛，對其家中的老人表達敬意，也就是對其全家人表達了愛與敬了。此即《孝經》所說的執簡馭繁的道理。

總括而言，孝道的培養雖在家庭，其應用可在社會。孝為德之本，各種德行可由孝發展出來。《孝經》說：「君子之事親孝，故忠可移於君；事兄悌，故順可移於長；居家理，故治可移於官。是以行成於內，而名立於後世矣。」(第 14 章) 究其原因，在於《孝經》不是從利益的角度去論孝，而是從立德的角度去論孝。孝的內容既是立身行道，自然可以在家庭以外，在社會的各個方位中去應用了。

結語：傳統文化與人文價值

孝的傳統在中國源遠流長，比起《孝經》、孔子、儒家都要早很多。孔子講仁，孟子講義，重點與傳統文化中強調家庭與孝道有所不同。孔子《孝經》的偉大之處，在於重新詮釋傳統，既不否定傳統，又不會為傳統的不合理觀念所束縛。

《說文解字》說：「孝，善事父母者。从老省，从子，子承老也。」「孝」字由兩部分組成，上半部是「老」字的省文，下半部是「子」字。 此字是會意字，其取義是一個小子攙扶着一個老人，也就是「子承老也」。所謂「子」不一定是兒子，所謂「老」也不一定是父母。這是上古「孝」字的本義。根據一般的用法，「孝」指善事父母，也與《孝經》所說的「孝」不盡相同。

中國人對孝的重視，在商、周時已是如此。但當時的孝，充滿父系社會及大家族的特色，將祖的地位置於親之上，甚至將大伯的地位置於自己的親父之上，成為孝的對象。[32] 這種孝其實不合乎人性，亦不能構成一套合理的道德觀念。因為一個人能夠起敬起孝，必是先以與自己共同生活而有恩德者為對象，由近而及遠；而只知崇敬家族內之權威，更是遠離崇高的道德觀念。儒家的先聖先哲，重新詮釋了孝道，令孝道不至與較周全的人類道德，例如仁與義的價值，產生出矛盾。既能入乎傳統，又能出乎傳統，既尊重傳統，又能推陳出新，切合時代需要，可謂對傳統作出創造性轉化的表表者，堪為現代人借鑑。

---

32 參看查昌國，《先秦『孝』、『友』觀念研究》，合肥：安徽大學出版社，2006。「西周孝的對象為神祖考妣，非健在的人；孝是君德、宗德；其內容為尊祖，有敬宗抑父的作用。」（第 10 頁）

參考書目

十三經注疏整理委員會，《十三經注疏（整理本）》，北京：北京大學出版社，2000。

王文錦，《禮記譯解》，北京：中華書局，2001。

王聘珍，《大戴禮記解詁》，北京：中華書局，1983。

王曉明，《呂氏春秋通詮》，南昌：江西人民出版社，2010。

司徒華，《捨命陪君子》，香港：次文化出版社，1998。

向宗魯，《說苑校證》，北京：中華書局，1987。

朱翔非，《新孝道——孝經新解》，北京：京華出版社，2011。

朱翔非，《孝裏有道》，北京：中華書局，2011。

朱熹，《朱子全書》，上海：上海古籍出版社，2010。

呂妙芬，《孝治天下——〈孝經〉與近世中國的政治與文化》，台北：中央研究院／聯經出版公司，2011。

李零，《郭店楚簡校讀記》，北京：中國人民大學出版社，2007。

李零，《蘭臺萬卷——讀〈漢書·藝文志〉》，北京：三聯書店，2011。

李隆基注，邢昺疏，《孝經注疏》，上海：上海古籍出版社，2009。

余錦波，〈孝道〉，莫家棟、余錦波、陳浩文（編），《社會倫理通識》，香港：牛津大學出版社，2012，第 115-121 頁 。

汪受寬，《孝經譯注》，上海：上海古籍出版社，2004。

段玉裁，《說文解字注》，南京：鳳凰出版社，2007。

胡平生，《孝經譯注》，北京：中華書局，2009。

查昌國，《先秦「孝」、「友」觀念研究》，合肥：安徽大學出版社，2006。

孫中山，《孫中山全集》，北京：中華書局，2001。

高明，《大戴禮記今註今譯》，台北：商務印書館，1975。

高望之，《儒家孝道》，南京：江蘇人民出版社，2010。

徐復觀，〈中國孝道思想的形成、演變，及其在歷史中的諸問題〉，徐復觀，《中國思想史論集》，台北：學生書局，1975，第 155-200 頁。

陳立，《白虎通疏證》，北京：中華書局，1994。

許維遹，《韓詩外傳集釋》，北京：中華書局，1980。

順治、雍正等，《御注孝經》，海口市：海南出版社，2012。

黃宗羲，《黃宗羲全集》，杭州：浙江古籍出版社，2005。

黃道周，《黃道周孝經》，上海：上海書畫出版社，2011。

楊伯峻，《論語譯注》，北京：中華書局，1980。

楊伯峻，《孟子譯注》，香港：中華書局，1984。

楊聯陞，〈「報」作為中國社會關係基礎的思想〉，費正清編，郭曉兵等譯，《中國的思想與制度》，北京：世界知識出版社，2008，第 323-345 頁。

黎靖德（編），《朱子語類》，北京：中華書局，1986。

鄭宗義，〈從儒學的觀點看孝道〉，劉笑敢、川田洋一（編），《儒釋道之哲學對話》，香港：商務印書館，2007，第 155-174 頁。

劉尚慈，《春秋公羊傳譯注》，北京：中華書局，2010。

賴炎元、黃俊郎，《新譯孝經讀本》，台北：三民書局，1992。

簡朝亮《孝經集注述疏——附讀書堂答問》，上海：華東師範大學出版社，2011。

謝幼偉，〈孝與中國社會〉，《中西哲學論文集》，香港：新亞研究所，1969，第 1-26 頁 。

潘光旦，〈說本〉，載於《潘光旦文集》，第五卷，北京：北京大學出版社，1997，第 7-15 頁。

Henry Rosemont and Roger Ames, *The Chinese Classic of Family Reverence: A Philosophical Translation of the Xiaojing*, Honolulu: University of Hawaii Press, 2009.

Paul R. Goldin, *Confucianism*, Durham: Acumen, 2011, Chapter 2, "Interlude: Great Learning and Canon of Filial Piety", pp. 31-38.

Hsieh Yu-wei, "Filial Piety and Chinese Society", in Charles A. Moore (ed.), *The Chinese Mind: Essentials of Chinese Philosophy and Culture*, Honolulu: The University Press of Hawaii, 1967, pp. 167-187.

Charlotte Ikels (ed.), *Filial Piety: Practice and Discourse in Contemporary East Asia*, Stanford, CA: Stanford University Press, 2004.

James Legge (tr.), "The Hsiao King" in F. Max Müller (ed.), *The Sacred Books of the East*, Oxford: Clarendon Press, 1879.

Chenyang Li, "Shifting Perspectives: Filial Morality Revisited", in Xinyan Jiang (ed.), *The Examined Life-Chinese Perspectives: Essays on Chinese Ethical Traditions*, Albany, NY: State University of New York Press, 2002, pp. 33-59.

Heiner Roetz, *Confucian Ethics of the Axial Age*, Albany, NY: State University of New York Press, 1993, Chapter 6, "The Family and the Virtue of Filial Piety", pp. 53-66.

Tu Wei-ming, "Selfhood and Otherness: The Father-Son Relationship in Confucian Thought", in Tu Wei-ming, *Confucian Thought: Selfhood as Creative Transformation*, Albany, NY: State University of New York Press, 1985, pp. 113-130.

Kam-por Yu, "Filial Piety as a Path to Civility: The Confucian Project", in Deborah S. Mower and Wade L. Robison (eds.), *Civility in*

Politics and Education, London: Routledge, 2011, pp. 119-131.

Kam-por Yu and Julia Tao, "Confucianism", in Ruth Chadwick (ed.), *Encyclopedia of Applied Ethics* (Second Edition, 4 vol. set), San Diego: Academic Press, 2012, Vol. 1, pp. 578-586.

中文大學「粵語審音配詞字庫」網頁：http://humanum.arts.cuhk.edu.hk/Lexis/lexi-can/

日本「先賢故實」網頁：http://miko.org/~uraki/kuon/furu/chara/senken/kojitu05.htm